U0517293

国家自然科学基金项目"企业产品创新中供应商创新性整合机制研究：供应商网络视角"（71372172）；国家社会科学基金项目"新产品开发模糊前端阶段企业技术差异化能力的提升机理研究"（16BGL042）；陕西省软科学研究计划面上项目"供应商和客户参与技术创新对产品创新绩效的影响——基于陕西省制造企业的实证研究"（2015KRM044）；陕西省社会科学基金项目"供应商参与新产品开发对陕西装备制造业产品创新能力的影响路径研究"（13Q070）。本书由西安石油大学优秀学术著作出版基金资助和西安石油大学油气资源经济与管理研究中心出版。

制造商与供应商
合作关系深化机理研究

裴旭东 著

中国社会科学出版社

图书在版编目（CIP）数据

制造商与供应商合作关系深化机理研究/裴旭东著 . —北京：中国
社会科学出版社，2016.9
ISBN 978 - 7 - 5161 - 8836 - 1

Ⅰ.①制… Ⅱ.①裴… Ⅲ.①企业管理—供销管理—研究
Ⅳ.①F274

中国版本图书馆 CIP 数据核字（2016）第 205109 号

出 版 人 赵剑英
选题策划 刘 艳
责任编辑 刘 艳
责任校对 陈 晨
责任印制 戴 宽

出 版 中国社会科学出版社
社 址 北京鼓楼西大街甲 158 号
邮 编 100720
网 址 http://www.csspw.cn
发 行 部 010 - 84083685
门 市 部 010 - 84029450
经 销 新华书店及其他书店

印 刷 北京君升印刷有限公司
装 订 廊坊市广阳区广增装订厂
版 次 2016 年 9 月第 1 版
印 次 2016 年 9 月第 1 次印刷

开 本 710 × 1000 1/16
印 张 12.25
插 页 2
字 数 226 千字
定 价 46.00 元

凡购买中国社会科学出版社图书，如有质量问题请与本社营销中心联系调换
电话:010 - 84083683
版权所有 侵权必究

前　言

　　从外部获取互补性资源是制造商提升核心能力并在市场竞争中取得优势的重要途径。供应商作为制造商的外部重要合作伙伴，能提供制造商所需关键的知识和技能等资源，供应商关系管理日益受到学者和企业管理者的关注。制造商与供应商之间的合作是一个动态发展过程，也是双方合作关系不断进行深化的过程。制造商只有深化与供应商的合作关系才能够促进双方战略合作伙伴关系的形成，进而确保制造商能够从供应商处获得所需的互补性资源。合作关系深化是衔接制造商与供应商前期关系积累与战略合作伙伴关系形成的重要桥梁，是制造商与供应商在以往合作过程中，随着双方合作质量和关系嵌入水平的提高，而改变双方关系行为和达成合作规范共识的一种状态。厘清制造商与供应商合作关系深化的结构维度以及关键影响因素，探析合作关系深化机理成为制造商面临的重要议题。

　　考察制造商与供应商合作关系深化的结构维度，探索合作关系深化的影响因素，并揭示各个影响因素对合作关系深化的作用机理。首先，基于扎根理论的研究方法，用开放式深度访谈和焦点团队访谈收集原始资料，通过开放式编码、主轴编码和选择性编码，明确制造商与供应商合作关系深化的结构维度。在文献梳理的基础上，结合企业实地调研和专家访谈，编制包括 20 个题项的合作关系深化的初始问卷。通过预测试，确定正式问卷。通过问卷调查获取数据，运用探索性因子分析法提取公共因子，得到包括 14 个题项的合作关系深化的正式测量量表，通过验证性因子法检验因子结构的稳定性，并对量表的信度和效度进行检验。其次，基于文献研究法和企业访谈，通过预测试，得到合作关系深化影响因素的正式测量量表。采用探索性因子分析法提取公共因子，并检验量表信度和效度。最后，基于文献梳理和理论推导，构建制造商与供应商合作关系深化机理的概念模型，并提出研究假设。通过大样本调查收集数据，运用统计方法，对整体结构模型进行拟合分析，对所提研究假设进行实证检验。

研究结果表明：（1）制造商与供应商合作关系深化包含 3 个维度，即制造商关系行为、供应商关系行为和双方合作关系规范。制造商关系行为包括契约承诺和制造商支持；供应商关系行为包括优先客户地位和关系专用性投资；双方合作关系规范包括规范共识和未来合作意愿。所开发量表具有良好信度和效度。（2）制造商与供应商合作关系深化的影响因素有制造商对供应商认同、供应商互补性能力、供应商合作力度以及制造商对以往合作满意这 4 个方面。（3）在影响因素对关系嵌入的影响效应中，制造商对供应商认同对关系嵌入有显著正向影响；供应商互补性能力对关系嵌入有正向影响，但不显著；供应商合作力度和制造商对以往合作满意对关系嵌入均有显著正向影响。在影响因素对合作质量的影响效应中，制造商对供应商认同对合作质量有正向影响，但不显著；供应商互补性能力、供应商合作力度与制造商对以往合作满意均对合作质量有显著正向影响。关系嵌入和合作质量对合作关系深化有显著正向影响。

研究结论有助于明确制造商与供应商合作关系深化的结构维度及其影响因素，认识制造商与供应商合作关系深化的深层次原因，推进制造商与供应商合作关系领域的相关研究；研究结论还有助于为制造商有效利用供应商资源、管理供应商关系提供理论借鉴和实践指导。

本书由西安石油大学优秀学术著作出版基金资助出版。本书的研究得到国家自然科学基金项目"企业产品创新中供应商创新性整合机制研究"（71372172）、国家社会科学基金项目"新产品开发模糊前端阶段企业技术差异化能力的提升机理研究"（16BGL042）、陕西省软科学研究面上项目"供应商和客户参与技术创新对产品创新绩效的影响——基于陕西省制造企业的实证研究"（2015KRM044）和西安石油大学油气资源经济与管理研究中心的资助，在此表示感谢。同时本书是基于本人在西安理工大学博士论文的基础上完成，再次表示感谢。

目　　录

第一章 绪论

第一节 研究背景

全球性竞争环境带给制造商越来越多的挑战，如产品生命周期缩短、不断变化的客户需求以及客户对交货速度、产品可靠性及供货稳定性的要求愈加苛刻，等等。制造商认识到为保持持续竞争优势，不仅需要有效整合企业内部资源，提高内部资源的利用率，还必须与关键供应商建立合作关系，以获取跨越组织边界的互补性资源和能力。合作关系作为一种跨越企业边界的活动，在连接制造商和供应商资源之间起着非常关键的作用。已有研究表明，建立长期合作关系可以促进制造商与供应商相互学习（Dyer and Hatch，2004）、共担风险（whippler et al.，2010）、获得互补性资产（Burkert et al.，2012）、进入新市场和获得新技术（Zhang and Zhou，2013）、缩短新产品开发周期（Geiger et al.，2012）及提高创新能力（Roijakkers and Hage-door，2006）等。众多企业案例也证明制造商与供应商从合作关系实践中受益匪浅。Choi 和 Krause（2006）及 Dyer 和 Hatch（2006）以日本汽车制造商（如丰田、本田、尼桑等）为例研究了制造商与供应商建立紧密合作关系对其竞争能力的影响。研究结果发现，与欧美等国家相比，日本汽车制造商与供应商间紧密合作关系可以显著提升企业竞争能力。根据埃森哲对来自全球 500 强的 110 家跨国企业调查结果，这些企业中平均每一家企业有 38 个重要供应商，在 1997—2000 年间，与这些供应商合作产生的关系租金占其市值的 6% ~ 15%，2004 年约为 45%，而到 2014 年为 65% 以上（Kang and Jindal，

2015）。合作关系创造的诸多关系价值引起理论研究者和管理实践者的关注。

前期研究结果表明，制造商与供应商之间的关系是一个不断变化和发展的过程，不同关系阶段有其不同的内涵、特点和关系影响因素，关系发展是合作双方长期互动的结果（Dwyer et al.，1987）。Ford（1980）认为制造商与供应商合作关系的形成是一个循序渐进的发展过程，包括 5 个不同的关系阶段，分别是关系前期、关系早期、关系发展、关系长期和关系终结阶段。Ford（1980）认为，随着这 5 个关系阶段发展的不断深入，制造商与供应商会增加对彼此的认知，减少合作的不确定性，缩短双方的心理距离，对关系承诺和适应程度也会逐渐增加。基于社会交换理论，Dwyer 等（1987）提出时间在制造商与供应商合作关系形成过程中扮演着重要角色，并对合作关系形成有至关重要的影响。与交易成本理论的观点不同，Dwyer 等（1987）将合作关系视作合作双方重复性交易的结果，认为每一次交易都是对以往交易经历的未来预期。Dwyer 等（1987）借用夫妻间的"婚姻"关系隐喻制造商与供应商合作关系的形成过程，并将合作关系的发展分成 5 个相互联系的阶段：认知（awareness）、探索（exploration）、拓展（expansion）、承诺（commitment）及解体（dissolution）。在 Dwyer 等（1987）关于关系发展的五阶段论中，认知和探索阶段是制造商与供应商合作关系的动荡期，此阶段是合作双方的试购阶段，制造商与供应商虽然有合作（如双方有交易行为），但是并没有确立稳定的合作关系，合作双方主要利用正式契约条款作为关系治理机制。拓展阶段是制造商与供应商合作关系的深化期，此阶段制造商开始缩减供应基，明确与少数供应商建立战略采购关系，并赋予供应商优先客户地位。承诺阶段是制造商与供应商合作关系的成熟期，此阶段合作双方为了共同利益愿意共享资源，进一步增加合作关系价值。

由此可见，制造商与供应商之间的合作关系是由浅入深不断进行深化的过程。合作关系深化阶段是衔接合作双方前期关系积累与战略合作伙伴关系形成的重要桥梁，只有合作关系深化阶段得以顺利进行，前期关系积累才可能过渡到最终战略合作伙伴关系，合作双方才能最大限度地从关系租金中受益。但是合作关系深化过程是复杂、昂贵、耗时的，充满了各种不确定和高风险（Wagner et al.，2011）。大量企业实践表明，制造商与供应商合作关系并不像相关理论所预计的那样能够顺利得以深化，而是有很高的失败率。例如，Dyer 和Hatch（2004）在研究美国汽车行业中制造商与供应商关系时发现，即使是进入 21 世纪，美国汽车制造商与其供应商之间的关系与传统交易关系相比并没有明显不同，供应商一直被制造商视作交易伙伴，价格依然是评价供应商的重要指标。Dyer 和 Hatch（2004）认为除了文化差异之外，一种可能的解释是大多数关于合作关系的定义都很抽象，可操作化程度很低，导致制造商和供应商对合作关系的内涵及特征认识不足。另一种可能的解释是制造商没有从动态发展的视角考察双方的合作关系，忽视合作关系深化阶段的重要性，没有揭示合作关系深化机理的"黑箱"。

合作关系深化是制造商与供应商合作关系健康发展的必然要求（Wagner et al.，2010）。若无法适时实现深化，则合作关系的发展必然逐步趋缓，并最终走向衰落。很多制造商的关系实践已经为我们提供了先例。但以往研究较少涉及从供应链管理层面研究制造商与供应商之间合作关系深化的影响路径与机理。因此，如何推动制造商与供应商关系深化进而实现关系的可持续发展已成为理论界和实践界关注的一个重要议题。

第二节　研究问题的提出

从外部获取互补性资源是制造商提升核心能力，在市场中取得竞争优势的重要途径。深化与供应商的合作是能否建立战略合作伙伴关系的重要前提，是制造商能否从供应商处获得所需互补性资源的重要保证。因此，制造商与供应商合作关系研究成为供应链领域学者关注的热点。目前，学术界相关研究主要集中在两个方面：制造商与供应商合作关系研究和合作关系深化的相关研究。合作关系研究探讨的主要内容包括制造商与供应商关系的内涵及属性、合作关系发展阶段以及合作关系影响因素。集中考察制造商与供应商合作关系的外在表现，明确哪些因素促使制造商与供应商合作关系的形成。合作关系深化研究探讨的主要内容包括制造商与供应商合作关系深化的内涵、动因、关系深化的价值创造以及影响因素，关注制造商与供应商合作关系深化的外延特征，研究合作关系深化的驱动因素，探索哪些因素促使制造商与供应商合作关系深化。

然而，制造商与供应商之间的关系是一个循序渐进的动态发展过程，不同关系阶段有其不同内涵、特点和关系影响因素，关系发展是合作双方长期互动的结果。遵循 Dwyer 等（1987）学者的关系发展阶段论，我们可以发现学者对合作关系的分类大致可以分为 3 个阶段：第一个阶段是合作关系动荡期，制造商与供应商虽然有合作但是并没有长期合作的意愿，合作双方主要利用契约条款作为关系治理机制；第二个阶段是合作关系扩展期，即关系深化阶段。此阶段制造商开始缩减供应基，明确与少数供应商建立战略采购关系，与供应商签订排他性的契约，并给予供应商优先供应权。第三个阶段是战略合作关系形成期，即承诺阶段。此阶段双方信任水平和合作满意度水平较高，双方均愿意为维护合作伙伴关系作出牺牲。可以看出，第二阶段是对前一阶段的关系升级，合作关系深化阶段作为衔接其前期关系积累与战略合作关系形成的重要桥梁，对双方能否形成战略合作伙伴关系有至关重要的影响。但是合作关系深化的内涵是什么？合作关系深化如何测度？其关键影响因素以及因素间的作用机理是什么？已有研究对这些问题的关注明显不足。

基于此，本书研究主题可以被分解为 3 个科学研究问题：

（一）制造商与供应商合作关系深化的含义及其构成维度是什么？前期研究忽略了合作关系深化阶段在合作双方前期关系积累与战略合作伙伴关系之间所起的重要衔接作用，未完全解决"合作关系深化是什么以及包括哪些维度"的问题，这不利于从整体上认识和把握合作关系深化构念，也不利于有效开展围绕合作关系深化问题的研究。因此，有必要在已有研究成果的基础上，明确合作关系深化的结构维度，构建一套信度和效度良好的测量量表，为研究制造商与供应商合作关系深化机理奠定理论基础。

（二）哪些因素影响制造商与供应商合作关系的深化？前期研究基于公平理论、信号理论等，采用案例法和问卷调研法获取了一些影响因素，研究结果虽然对我们理解和把握合作关系深化的影响因素提供了一定的分析依据，但是缺乏系统性和情境性，不利于从整体上认识我国制造商与供应商合作关系深化的关键影响因素以及因素间的作用机理。因此，有必要运用已有的管理理论，明确我国制造商与供应商合作关系深化的影响因素，利用主流的研究方法提取因素，并检验各个因素因子结构的稳定性。

（三）这些关键因素通过怎样的路径影响制造商与供应商合作关系的深化？虽然前期有研究涉及合作关系深化的影响路径问题，但是研究的针对性和系统性较弱，深度不足，影响因素间的内在逻辑关系还需进一步探讨。因此有必要厘清影响因素间的关系，揭示制造商与供应商合作关系深化机理，推进制造商与供应商合作关系深化的研究，为制造商有效利用供应商资源、管理供应商行为提供理论借鉴和实践指导。

第三节　研究目标与研究意义

一　研究目标

希望通过本书的研究实现以下 3 个目标：

（一）探索和验证制造商与供应商合作关系深化的构成维度，设计并开发制造商与供应商合作关系深化的测量量表，打破制造商与供应商合作关系深化定性研究方法的桎梏，为合作关系深化的量化研究奠定重要的前期理论基础。

（二）系统梳理、归纳和验证制造商与供应商合作关系深化的关键影响因素。基于对现有文献的研究，从理论上提出制造商与供应商合作关系深化的影响因素，并结合企业深度访谈和问卷调研，运用探索性因子分析法，总结出合作关系深化的影响因素。从多视角把握制造商与供应商合作关系深化的影响因素，克服从单一视角展开分析的局限性。

（三）通过对制造商与供应商合作关系深化机理的研究，丰富制造商与供应商合作关系的相关理论。基于从探索性研究中得出的影响因素，运用统计方法进行实证检验，明确这些因素如何通过关系嵌入影响制造商与供应商合作关系的深化，揭示制造商与供应商合作关系深化机理，从而为制造商与供应商合作伙伴关系的形成奠定基础。

二　研究意义

本书研究的理论意义主要表现在以下 3 个方面：

（一）明确了制造商与供应商合作关系深化的构成维度。基于对已有研究文献的梳理和分析，严格按照扎根理论的研究方法，采用开放式深度访谈和焦点团队访谈，探索制造商与供应商合作关系深化的构成维度，回答"制造商与供应商合作关系深化是什么"的问题，在此基础上构建一套信度和效度良好的测量量表，为研究制造商与供应商合作关系深化机理奠定理论基础。

（二）探索了制造商与供应商合作关系深化的影响因素。首先，借鉴已有研究成果，并结合企业访谈和问卷调研，提出制造商与供应商合作关系深化影响因素的初始测量量表。其次，收集小样本数据进行预测试，对量表题项做纯化处理，确定正式量表。再次，通过探索性因子分析法，初步确定制造商与供应商合作关系深化的影响因素。最后，运用验证性因子分析法检验因子结构的稳定性，并检验量表的信度和效度。由此，得出制造商与供应商合作关系深化影响因素的最终测量量表，为制造商与供应商合作关系深化机理实证研究提供可操作化工具，用于检验因素对制造商与供应商合作关系深化的影响作用。

（三）揭示了制造商与供应商合作关系深化的作用机理。基于探索性研究所得影响因素，运用统计方法，检验这些因素如何通过关系嵌入和合作质量对制造商与供应商合作关系深化产生影响，揭示制造商与供应商合作关系深化机理，推进制造商与供应商合作关系深化的研究。

本书的现实意义主要表现在以下两个方面：

（一）有助于明确制造商与供应商合作关系深化构念的结构维度及其影响因素，认识制造商与供应商合作关系深化的深层次原因，推进制造商与供应商合作关系领域的相关研究。合作关系深化构念包括契约承诺、制造商支持、优先客户地位、关系专用性投资、规范共识和未来合作意愿6个维度，从制造商关系行为、供应商关系行为和双方合作关系规范3个层面对合作关系深化构念进行了规范性描述。此结果对于制造商合作关系发展的实际情况，对供应商进行分类管理，聚焦于那些有发展前景的优秀供应商，在日常合作中注重与这些供应商间合作关系的培育，并根据合作关系深化的结构维度，及时把握和准确判断关系发展是否到了深化阶段，为制造商制定相应供应商管理策略提供参考。

（二）研究结论还有助于为制造商有效利用供应商资源、管理供应商关系提供理论借鉴和实践指导。运用统计方法，对研究假设进行实证检验，确定影响因素对合作关系深化的不同影响路径，阐述制造商和供应商合作关系深化的内在机理，为合作关系深化如何为制造企业建立持续的竞争优势提供合理的逻辑解释，进一步确立合作关系深化在企业管理中的战略性地位。同时，为制造商充分整合供应商资源，管理供应商关系，创造关系租金最大化提供实践指导。

第四节　关键概念界定及说明

本书所涉及的关键概念是合作关系深化，因此本节对合作关系深化进行界定及阐述其研究边界，其余构念在其他章节分别进行比较系统的论述。

  企业间关系被视为一个随着时间推移而不断发展的过程，在不同关系阶段，伙伴间合作方式也有所不同。这个分析框架是由 Dwyer 等（1987）提出的，作者基于交换理论比较分析了企业间分散交易和关系交换间的区别与内在联系。此前，Ford（1980）提出关系发展五阶段模型，分别是关系前期阶段、关系早期阶段、关系发展期阶段、关系长期阶段和关系终结阶段。Ford（1980）认为，随着关系的不断发展，合作双方会增加对彼此的认知，减少合作不确定性，缩短双方的心理距离，同时对关系承诺和适应程度会逐渐增加。Ford 进一步扩展这个分析框架，基于新关系、陷入困境的关系、静态关系与惰性关系识别了多种关系状态的不同组合对关系绩效的影响（Mandják et al.，2015）。在 Ford 研究的基础上，Dwyer 等（1987）提出著名的企业间关系发展的五阶段论，认为企业间关系发展包括 5 个不同的阶段：认知（awareness）阶段、探索（exploration）阶段、拓展（expansion）阶段、承诺（commitment）阶段和解体（dissolution）阶段。在认知阶段，即双方互动发生之前，合作一方通过准确定位以提高对另一方的吸引力。以交易方式进行互动，标志着双方探索阶段的开始。在探索阶段，双方通过试购检验是否值得进一步合作，这些试购行为会经过双方长时间的检验与评价。进入拓展阶段，合作双方开始评估关系结果带来的潜在收益是否能够弥补谈判和深入互动所花费的成本。在拓展阶段，合作双方达成第一个长期导向协议，并采用较为含蓄的方法测试合作双方目标兼容性、完整性和其他性能。承诺阶段是合作双方互相承诺要建立长期稳定的合作关系，双方均愿意为维护长期合作意愿和保持合作关系连续性的信心作出牺牲。解体阶段是合作双方关系的终结。在 Dwyer 等（1987）的分析框架中，没有明显障碍因素阻止关系从一个阶段发展到另一个阶段，其关系发展阶段理论给我们提供了具体的分析框架以解释企业间如何深化和保持良好的长期合作关系。

Ellram（1991）研究了制造商与供应商采购合作关系发展的 5 个阶段，即准备阶段、识别潜在合作伙伴阶段、甄别及选择阶段、建立采购合作关系阶段以及合作关系评价阶段。Powers 和 Reagan（2007）将制造商与供应商合作关系的发展分为 5 个阶段：（1）供应商的选择阶段。此阶段是制造商意识到寻找潜在合作伙伴的必要性，并最终选择一个供应商作为合作伙伴。（2）定义关系目的阶段。此阶段是合作双方对未来关系发展阶段的态度和感情进行充分交流和沟通，旨在帮助双方明确共同目标，并处理好发展关系的时间压力。（3）设置关系边界阶段。此阶段是界定在创造关系价值中资源可获得性。（4）创造关系价值阶段。此阶段是合作伙伴竞争能力通过建立合作关系而得到很大改善。（5）关系维护阶段。合作伙伴之间有希望达到较高的合作满意度。

Ring 和 Van de Ven（1994）提出另一个企业间关系如何随着时间发展而不断变化的分析框架。与 Dwyer 等（1987）关于关系线性演化描述不同的是，他们将关系视为一个循环过程，包括 3 个迭代阶段，即谈判阶段、承诺阶段和执行阶段。在谈判阶段，合作双方开发有关双方合作动机、合作开始时可能的投资和风险等共同预期。这个过程包含一个正式谈判和社会—心理意义上的建构过程。在承诺阶段，双方达成关于未来行动的协议。这是一个正式关系契约和非正式心理契约的编码过程。在执行阶段，由制造商和供应商共同讨论使得承诺得以实施。由此合作双方相互了解和熟悉，并开始启动下一轮合作的谈判，双方关系进入下一个循环。

Jap 和 Ganesan（2000）认为企业间关系发展经过 4 个不同的阶段：关系探索阶段、关系延伸阶段、关系承诺阶段和关系衰退阶段。关系探索阶段是一个搜索和试购阶段，此阶段需要考虑双方潜在的义务和利益。减少不确定性和评估双方持续互动的潜在收益是这一阶段的中心目标。在关系延伸阶段，通过社会化过程将双方交易纳入长期承诺以融合企业间的规范和价值观，企业间合作经验和相互依存度不断增加。在关系承诺阶段，双方含蓄或明确地承诺继续这种合作关系，并得到可接受的满意度和收益。在关系衰退阶段，至少一方觉得不满意，考虑终止双方关系。

梳理和分析已有研究可以发现，学者们构建的分析框架均是基于一个共同前提条件之下，即企业间合作关系的形成是一个动态发展的过程，是合作关系由浅入深不断进行深化的过程，不同关系阶段假设间有明显差异。其中最具代表性的研究当数 Dwyer 等（1987）的关系五阶段论。如前文所述，Dwyer 等（1987）对合作关系分类可以进一步归为 3 个阶段：第一个阶段是合作关系的动荡期，包括认知阶段和探索阶段。第二个阶段是合作关系的扩展期，即关系的深化阶段。第三个阶段是战略合作关系的形成期，即承诺阶段。本书主要研究制造商与供应商合作关系动荡期如何发展到合作关系深化阶段，即合作关系深化的机理问题，具体关注制造商与供应商合作关系深化的关键影响因素和影响路径。

基于已有研究结果，本书认为，制造商与供应商合作关系深化是衔接合作双方前期关系积累与战略合作关系形成的重要桥梁，是制造商与供应商在以往合作过程中，随着双方合作质量和关系嵌入性水平的提高，而形成合作双方关系行为的改变和达成合作规范共识的一种状态。只有企业间合作关系深化阶段顺利进行，前期关系积累才可能转化为最终合作伙伴关系的形成，合作双方才能最大限度地从关系租金中受益。

第五节　研究方法与结构安排

一　研究方法

根据研究问题的性质和方法适用性，遵循理论分析和实证研究并重的原则，综合采用文献资料分析法、访谈法和实证分析相结合的方法展开研究，研究中所涉及的具体方法包括以下几种。

（一）文献研究法

文献研究法即文献资料分析法，是以系统而客观的界定和评鉴，提供研究的相关背景，能帮助认清文献之间的关系，证明特定研究能为现有研究做出贡献。文献研究法的运用，主要表现在以下 4 个方面：

分析已有研究成果，阐明研究问题，清楚研究目的。在第二章中，本书通过校图书馆的外文 EBSCO 数据库、Wiley 数据库、Springer 数据库、Emerald 数据库、Elsevier 数据库和中文 CNKI 数据库、万方数据库等期刊数据库搜索文献，并对涉及研究内容的文献进行归纳和述评，把握已有研究的不足，并在此基础上明确研究的侧重点和具体问题，为模型构建提供理论基础。

对制造商与供应商合作关系深化的影响因素进行理论分析。在第四章中，通过文献研究法归纳制造商与供应商合作关系深化影响因素，分析学者在考察制造商与供应商合作关系深化影响因素时所选取的视角以及取得的成果，据此收集制造商与供应商合作关系深化影响因素的初始测量题项。

构建概念模型，提出研究假设。在第五章中，借鉴已有研究成果，并结合研究情境，分析变量间关系，构建概念模型，提出待验证的研究假设。

构建概念模型中构念的初始测量量表。在第六章中，通过文献阅读和分析，找出研究情境与本书接近、被学者广泛采用的成熟量表，对题项措辞进行合理修改，对概念模型中构念进行初始测量，为实证研究提供可操作化工具。

（二）实证研究法

运用的实证研究法包括开放式深度访谈、焦点团队访谈、问卷调查以及统计分析法等。

运用访谈法对构念测量量表进行修订。在第三章中，基于扎根理论的研究方法，利用开放式深度访谈、焦点团队访谈开发和设计制造商与供应商合作关系深化的测量量表。在第四章和第五章中，运用访谈法修订测量量表。选取与研究相关的典型企业及专家学者进行深入访谈，用以检验理论分析与企业实际情况的差异，弥补相关理论研究不足，对已有研究评价并补充或修订测量题项。

问卷调查包括预测试和大样本调查。通过预测试确定正式量表。

在第五章中，在进行企业访谈的基础上，通过预测试，对题项进行净化处理，形成正式测量量表。运用大样本调查法收集数据，展开统计分析。遵循随机原则，按照大样本调查相关程序、步骤收集数据，对回收问卷进行分析，剔除无效问卷。运用剔除后的问卷数据，对整体结构模型进行拟合分析，检验提出的研究假设。

运用统计分析法处理数据，检验研究假设。运用的主要统计分析法包括：描述性统计分析、探索性因子分析、验证性因子分析、变量间相关性分析、结构方程模型等。主要分析工具为 SPSS 18.0 和 AMOS 18.0。通过描述性统计，对收集的数据质量进行初步判断（第五章）。运用探索性因子分析法，在预测试中检验量表的结构效度（第五章）。对变量间相关性进行分析，初步判断研究假设是否得到支持（第六章）。通过结构方程模型，对整体结构模型进行拟合分析，对变量的直接影响效应进行检验（第六章）。

二　结构安排

针对所提出的研究问题，本书将研究内容分为 8 个章节结构进行组织，其中每章内容具体安排如下：

第一章：绪论。对本书基本问题进行阐述。从企业实际出发，分析研究背景。在把握已有研究动态的基础上，提出研究问题。在此基础上，明确研究目标，提炼研究内容，阐述研究意义。根据研究内容的性质以及方法的适用性，给出研究方法。借鉴管理学科实证研究的方法论，说明本书技术路线以及本书整体结构安排。

第二章：理论基础和文献综述。围绕本书研究主题，把握已有研究的动态，明确拟解决的科学问题。对制造商与供应商合作关系、制造商与供应商合作关系深化及关系嵌入等相关研究进行回顾，梳理学者取得的已有成果，分析已有研究的局限，得出进一步研究中尚需解决的问题。

第三章：制造商与供应商合作关系深化的构成维度及测度研究。基于对已有研究文献的梳理和分析，严格按照扎根理论的研究方法，采用开放式深度访谈和焦点团队访谈，探索制造商与供应商合作关系深化的构成维度，回答"制造商与供应商合作关系深化是什么"的问题，在此基础上构建一套信度和效度良好的测量量表，并进行实证检验，为研究制造商与供应商合作关系深化机理奠定理论基础。

第四章：制造商与供应商合作关系深化影响因素的探索性研究。通过文献研究以及企业访谈收集题项，构建制造商与供应商合作关系深化影响因素的初始测量量表。收集小样本数据进行预测试，确定制造商与供应商合作关系深化影响因素的正式测量量表。通过大样本调查收集数据，运用探索性因子分析法提取公共因子，初步确定制造商与供应商合作关系深化影响因素，并运用验证性因子分析法验证因子结构的稳定性，检验量表的信度和效度，对公共因子命名，并对研究结果进行讨论。

第五章：模型构建与研究假设。基于文献分析提出制造商与供应商合作关系深化机理的理论分析框架，据此构建合作关系深化机理的概念模型，并提出各因素通过关系嵌入和合作质量对合作关系深化影响的研究假设。

第六章：研究设计与测量质量评估。阐述本书实证研究方案，在借鉴已有成熟量表的基础上，对概念模型中自变量、中介变量和因变量进行初始测量。在企业访谈以及与专家讨论的基础上，进行量表修正。收集小样本数据进行预测试，形成正式量表。阐述数据收集对象和收集过程，说明数据回收情况，以及实证研究中将要使用的统计方法。

第七章：数据分析与结果讨论。运用统计方法检验研究假设，验证第五章的理论分析是否符合企业实际情况。对样本进行描述性统计，检验量表信度和效度，对变量间相关性进行检验，对整体结构模型进行拟合分析，对研究假设进行检验，并进行结果讨论。

第八章：研究结论与展望。对本书研究工作和主要研究结论进行总结概括，阐述本书的创新点，分析本书研究中存在的不足，并指出该领域今后进一步的研究方向。

本书研究内容与结构框架如图1-1所示。

制造商与供应商合作关系深化机理研究

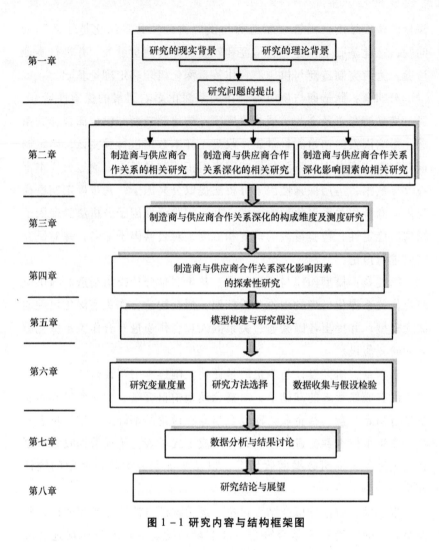

第一章 ├ 研究的现实背景 研究的理论背景
研究问题的提出

第二章 ├ 制造商与供应商合作关系的相关研究 制造商与供应商合作关系深化的相关研究 制造商与供应商合作关系深化影响因素的相关研究

第三章 ├ 制造商与供应商合作关系深化的构成维度及测度研究

第四章 ├ 制造商与供应商合作关系深化影响因素的探索性研究

第五章 ├ 模型构建与研究假设

第六章 ├ 研究变量度量 研究方法选择 数据收集与假设检验

第七章 ├ 数据分析与结果讨论

第八章 ├ 研究结论与展望

图 1－1 研究内容与结构框架图

第二章　理论基础与文献综述

第一节　制造商与供应商合作关系的相关研究

一　制造商与供应商合作关系的内涵及属性

（一）制造商与供应商合作关系的内涵

传统意义上，学者们认为制造商与供应商的合作关系是一种短期、敌对的交易关系，制造商与供应商为了缩减成本和增加利润而不惜牺牲对方的利益。但是，这种一方受损、一方受益的交易关系不能获得可持续的竞争优势，由于意识到这种短期、敌对交易关系的局限性，越来越多的企业开始追求一种长期合作的伙伴关系，这种合作关系有助于提升供应链的整体效率（Rinehart et al.，2010）。

Schoenherr 等（2015）认为合作关系就是一种存在于制造商与供应商间的长期关系，是基于双方长期承诺的一种持续性关系，是制造商与供应商间信息共享、风险同担与利益共享的结果。

Bleeke 和 Ernst（1990）指出制造商与供应商合作关系是双方享有共同目标、为共同目标努力，彼此间互相承诺和高度依赖的关系。通过战略合作，制造商与供应商能够完成仅靠自身无法获得的竞争优势。

Terpend 和 Krause（2015）认为过去制造商与供应商是处于一种对立关系状态，演变至今已成为关系导向的合作状态。合作关系是制造商与供应商以长期关系为导向，通过共享信息、共同制定战略目标、相互做出承诺而形成关系集合体的过程。

Ellram 等（2006）从供应链整合角度考察制造商与供应商合作

关系，认为合作关系是使企业价值能力得以整合为最终顾客创造价值的双方优势互补的过程。Amesse 等（2001）指出制造商与供应商合作关系为双方同意在一定期限内共享信息和收益、共同承担风险，通过减少存货、降低成本和提高响应性来提升财务或运作绩效的过程。

Whipple 等（2015）认为制造商与供应商的成功在很大程度上取决于与合作伙伴建立的合作关系，即指双方相互协调，采取共同行动满足市场上客户需求的过程。Mohr 和 Spekman（1994）以个人计算机行业为研究情境，指出制造商与供应商间的合作关系是一种存在于双方间有目的的战略关系，他们享有一致目标，努力获得利益并且高度地相互依赖，双方联合行动以获得达到单个企业无法达到的目标。Ellram（2006）认为合作关系是一种存在于制造商与供应商间的长期关系，这种关系涉及双方在一段时间内的相互承诺并且双方共同分担收益与风险。

Lambert 等（1996）从供应链视角研究制造商与供应商合作关系，指出合作关系是一种建立在公开、相互信任、共担风险与收益基础上的定制型商业关系（tailored business relationship），这种关系可以产生企业竞争优势，并且可以获得企业单独运行所无法取得的绩效。

此外，Johnson 等（2003）指出制造商与供应商合作关系属于一种跨组织间的关系类型，合作双方共享信息，共同承担合作中的风险以创造更大的关系价值。Lemke 等（2003）以汽车制造商为例研究了制造商与供应商间的合作关系，提出它是一种存在于制造商与供应商之间以高水平承诺，相互依赖、信任，长期导向，信息共享及共享风险与收益为特点的交易关系。

基于以上学者的研究，本书认为制造商与供应商合作关系是一种长期导向的战略关系，这种关系建立在双方相互信任、相互依赖的基础上，以营造良好的合作氛围和获得高水平的合作情感，进而获得更大竞争优势。

（二）制造商与供应商合作关系的属性

在过去的二十多年中，学者们研究了不同于市场与组织结构的一种新型合作形式，即企业间的合作关系。企业间合作关系往往聚焦于如何与供应商形成更加紧密的工作关系[39,40]。合作关系的重要性已经在制造商实践活动中得到验证，制造商通过外包非核心业务、缩减供应基获得了更大的竞争优势[36-38]。

许多学者对制造商与供应商合作关系属性进行研究。Mohr 和 Spekman（1994）认为制造商与供应商合作关系是一种有目的的战略关系，企业间有共享的、一致性的目标，双方联合行动以达到单个企业无法取得的目标。Mohr 和 Spekman（1994）认为合作关系属性包括承诺、协调、相互依赖和信任。Ellram 和 Edis（1996）提出制造商与供应商合作关系属性包括长期导向，信任，信息共享、公开及双向沟通。Lambert 等（1996）研究表明制造商与供应商合作关系属性是共同计划、共同控制运作流程、沟通、分享风险与收益、信任、承诺、契约的形式、活动的范围及在财务方面的投资。

后续研究主要基于 Mohr 和 Spekman（1994）以及 Ellram 和 Edis（1996）的研究成果，进一步丰富了制造商与供应商合作关系属性的类别。Spekman 等（1998）认为制造商与供应商合作关系属性包括信任、承诺、信息共享、对未来共同的愿景。Veludo 和 Macbeth（2004）指出内在的信任（inherent trust）、共享的风险与收益、对关系持续的预期、供应商开发、共同的计划、共同的研发、双向的沟通、定向帮助的意愿、冲突解决是制造商与供应商的合作关系属性。Lemke 等（2003）将制造商与供应商合作关系属性表述为信任、承诺、相互依赖、信息共享、长期导向及风险与收益共享。Kim 等（2010）指出制造商与供应商合作关系属性主要包括信任、承诺及伙伴间频繁的互动。在随后的研究中，学者们又增加一些制造商与供应商合作关系属性，主要有紧密性、合作、资源交换、长期的观点、自愿性、对供应商的培训、共同解决问题等。

通过考察制造商与供应商合作关系属性，有助于厘清制造商与供应商合作关系的特征，明确制造商与供应商通过做出哪些合作行为，能够帮助制造商提高运营绩效。国外学者关于制造商与供应商合作关系属性的主要研究成果以及结果分析如表 2 - 1 和表 2 - 2 所示。

表 2 - 1 **制造商与供应商合作关系属性的主要研究成果**

研究文献	研究类型	关系属性	研究的主要结论
Webster（1992）	非实证研究	交货执行情况、依赖/互惠、降价、质量的提高、信任	这些构念都是合作关系的属性
Gentry（1996）	实证研究	交货执行情况、信息共享/沟通、长期、降价、质量的提高、风险/收益的共享、自愿行动	这些构念都是合作关系的属性
Mohr 和 Spekman（1994）	非实证研究	承诺、协调、相互依赖和信任	这些构念都是合作关系的属性
Ellram 和 Edis（1996）	实证研究	包括资源的承诺、交货执行情况、依赖/互惠、信息共享/沟通、长期、降价、质量的提高	交货执行情况、降价、质量的提高不是合作关系的属性，其他构念都是合作关系的属性
Hagedoorn（1995）	实证研究	合作、交货执行情况、关注解决问题/提高绩效、信息共享/沟通、长期、降价、质量的提高、风险/收益的共享	交货执行情况、降价、质量的提高不是合作关系的属性，其他构念都是合作关系的属性
Wagner（1998）	实证研究	包括资源的承诺、合作、交货执行情况、依赖/互惠、降价、质量的提高、单一或数量有限的供应商	这些构念都是合作关系的属性
Saxton（1997）	实证研究	交货执行情况、资源的交换、降价、质量的提高、风险/收益的共享、可获得资源的价值	交货执行情况、降价、质量的提高不是合作关系的属性，其他构念都是合作关系的属性
Masella 和 Rangone（2000）	非实证研究	包括资源的承诺、竞争优势/战略、交货执行情况、物流一体化、长期、降价、质量的提高、技术/创新交换	交货执行情况、降价、质量的提高不是合作关系的属性，其他构念都是合作关系的属性
McCutcheon 和 Stuart（2000）	实证研究	竞争优势/战略、交货执行情况、依赖/互惠、关注解决问题/提高绩效、信息共享/沟通、长期、降价、质量的提高、风险/收益的共享、技术/创新交换	这些构念都是合作关系的属性
Spina 和 Zotteri（2000）	非实证研究	包括资源的承诺、交货执行情况、关注解决问题/提高绩效、信息共享/沟通、长期、降价、质量的提高、单一或数量有限的供应商	这些构念都是合作关系的属性
Fynes 等（2005）	非实证研究	包括资源的承诺、合作、交货执行情况、依赖/互惠、信息共享/沟通、降价、质量的提高、信任	这些构念都是合作关系的属性

续表

研究文献	研究类型	关系属性	研究的主要结论
Petroni 和 Panciroli（2002）	非实证研究	交货执行情况、依赖/互惠、资源交换、信息共享/沟通、长期、非招标的价格协议、降价、质量的提高、供应商培训、技术/创新交换	这些构念都是合作关系的属性
Goffin 等（2006）	实证研究	柔性、公开性、顾客导向、地理位置、可靠性、组织文化、对客户分类、定期接触、供应商重要性、持续性、能力、私人关系、特殊产品的能力、依赖、组织的规模、关系维护、从供应商处购买量占营业额的比重、反馈、新产品开发、抱怨解决机制	柔性、公开性、顾客导向、地理位置、可靠性、组织文化、对客户分类、定期接触、供应商重要性、持续性、能力不是合作关系的属性，其他构念都是合作关系的属性
Duffy（2008）	实证研究	协调程度、一体化程度、相互依赖的程度、依赖的不对称性、信任水平、承诺水平、关系规范、功能性冲突	这些构念都是合作关系的属性

表 2-2　　制造商与供应商合作关系属性的主要研究结果分析

合作关系属性	主要研究作者	出现频次	结果	百分比（%）
交货执行情况	Wagner（2009）；Saxton（1997）；Masella 和 Rangone（2000）；McCutcheon 和 Stuart（2000）；Spina 和 Zotteri（2000）	11	7	63.6
降价	Webster（1992）；Wagner（2009）；Masella 和 Rangone（2000）；McCutcheon 和 Stuart（2000）；Petroni 和 Panciroli（2002）	11	7	63.6
质量的提高	Masella 和 Rangone（2000）；McCutcheon 和 Stuart（2000）；Spina 和 Zotteri（2000）；Petroni 和 Panciroli（2002）	11	7	63.6
依赖/互惠	Wagner（2009）；Saxton（1997）；McCutcheon 和 Stuart（2000）；Spina 和 Zotteri（2000）	10	8	80.0
信息共享/沟通	Webster（1992）；McCutcheon 和 Stuart（2000）；Spina 和 Zotteri（2000）；Saxton（1997）；Wagner（2009）	7	7	77.8
长期导向	Webster（1992）；Wagner（2009）；Saxton（1997）；Petroni 和 Panciroli（2002）	7	7	100
资源的承诺	Fynes 和 Voss（2002）；Petroni 和 Panciroli（2002）；Saxton（1997）；Wagner（2009）	7	7	100

续表

合作关系属性	主要研究作者	出现频次	结果	百分比（%）
风险/收益的共享	Fynes 等（2005）；Duffy 等（2004）	4	4	100
信任	Webster（1992）；Masella 和 Rangone（2000）	4	4	100
技术/创新交换	Spina 和 Zotteri（2000），Petroni 和 Panciroli（2002）	3	3	100
单一或数量有限的供应商	Wagner（2009）；Spina 和 Zotteri（2000）	2	2	100
一体化程度	Masella 和 Rangone（2000）；Duffy（2004）	2	2	100

由表 2 - 1 和表 2 - 2 可知，虽然学者们对制造商与供应商合作关系属性的认知不尽相同，但有 12 个属性被大多数学者认同，并经过实证检验。它们分别是：依赖/互惠、信息共享/沟通、长期导向、承诺、风险/收益的共享、相互信任、进行技术/创新交换、单一或数量有限的供应商、一体化程度较高，这对我们更进一步理解制造商与供应商合作关系提供了有益的帮助。

二 制造商与供应商合作关系的发展阶段

发展制造商与供应商合作关系被认为是一个复杂过程（Turnbull and Ford，1996），它涉及对关系的日常管理，是昂贵、耗时但未必会在短期内给企业带来直接正面的商业结果（Suh and Houston，2010）。Ford（1980）将制造商与供应商合作关系发展看作一个经过时间验证的过程，该观点极大地影响了后续学者的研究。Ford（1980）提出关系发展的五阶段模型，分别是关系前期阶段、关系早期阶段、关系发展阶段、关系长期阶段和关系终止阶段。遵循生命周期理论，Ford（1980）认为随着这 5 个阶段的关系发展，合作双方会增加对彼此的认知，减少合作不确定性，缩短彼此间的心理距离，同时对关系承诺和适应程度会逐渐增加。此后 Ford 进一步扩展了这个分析框架，基于新关系、陷入困境的关系、静态关系与惰性关系识别多种关系状态的不同组合对关系绩效的影响。Forrest 和 Martin

（1992）提出制造商与供应商关系发展的三阶段，后来被修改为关系发展的 4 个连续阶段，即双方感兴趣阶段、排斥阶段、实施阶段和评价阶段，并探讨在双方互动过程中可能影响每个特定阶段的各种因素。

受到 Ford（1980）等研究的影响，后续研究均认为制造商与供应商合作关系是一个动态的发展过程。其中，最具代表性的是 Dwyer 等（1987）的研究。Dwyer 等（1987）将制造商与供应商合作关系比喻成一种婚姻关系，将合作关系发展分成 5 个相互联系的阶段，即认知阶段、探索阶段、拓展阶段、承诺阶段和解体阶段。认知阶段主要考虑潜在交易伙伴，制造商单方面承认存在一组潜在供应商，并试图与这些供应商进行交易；探索阶段是搜寻供应商并进行试错性购买，制造商通过谈判，签订合同条款约束供应商，设定产品规格，并以小额订单确定是否值得进一步发展合作关系；拓展阶段是合作双方关系收益不断增加，相互依赖程度增强，制造商从供应商处多次购买原材料或半成品等，并决定与供应商签订长期合同以谋取更多的"合作关系租金"；承诺阶段是合作双方明确承诺要建立长期稳定的合作关系，双方均愿意为维护长期合作关系意愿和保持关系连续性的信心作出牺牲；解体阶段是合作双方关系的终结。Dwyer 等（1987）关系发展理论为后续研究提供了一个制造商与供应商之间合作关系演进的分析框架，以解释制造商与供应商如何建立、发展和保持良好的合作关系。Dwyer 等（1987）对合作关系不同阶段的分析给我们研究制造商与供应商合作关系的深化问题提供了很好的借鉴和启示。

Ellram（1991）提出制造商与供应商采购合作关系发展的 5 个阶段，即准备阶段、识别潜在供应商阶段、甄别及选择阶段、建立合作关系阶段以及合作关系评价阶段。准备阶段主要涉及识别战略需要、形成团队以及得到制造商高层支持；识别潜在供应商阶段主要涉及选择标准的建立及识别潜在供应商；甄别及选择阶段主要涉及与潜在供应商联系并对它们进行评价及选择；建立合作伙伴关系阶段主要涉及接触、引起对方注意及进行信息反馈；评价合作关系阶段主要涉及维持、拓展合作关系及解体的决策。

Powers 和 Reagan（2007）认为制造商与供应商合作关系发展可以分为 5 个阶段：（1）供应商选择阶段。制造商意识到寻找潜在供应商的必要性，并最终选择一个合适供应商作为合作伙伴。在寻找潜在供应商的过程中，制造商需要寻找具有技术和资源的供应商，并全面评估其综合能力，这有助于制造商短期和长期经营目标的实现。因此确定合适供应商是双方关系发展过程中关键的第一步。（2）定义关系目的阶段。合作双方就未来关系发展的不同可能出现的问题进行充分的交流和沟通，旨在帮助明确共同目标，并处理好关系发展的时间压力[61]。定义关系发展阶段目的是制定合作双方以及组织内部违反关系规范时，由企业实施惩罚的合法性以确保双方对发展关系目的形成一致性理解。（3）设置关系边界阶段。此阶段界定在创造关系价值中资源的可获得性，定义供应商参与制造商实施联合行动的程度。在这一阶段合作双方逐渐相互依赖，关系绩效满意度水平取决于合作双方投入资源和对参与程度的承诺水平。（4）创造关系价值阶段。合作双方竞争能力通过建立合作关系而得到很大改善。伙伴间能力相互整合，产生 1 + 1 > 2 的协同效应。竞争能力提高具体表现为以技术、市场准入、信息、较低价格和运营成本以及知识形式，通常合作一方将改变他们产品或生产过程以满足另一方的具体需要。（5）关系维护阶段。合作伙伴间有希望达到较高合作满意度。制造商与供应商可能会继续保持合作关系，双方均认为建立长期合作关系能使其竞争地位得到最大程度的优化。关系维护阶段是比较稳定的，并会产生积极的关系绩效。在关系发展这一阶段，与供应商一起工作就好比在本企业内部工作一样。

分析 Dwyer 等（1987）学者的关系发展五阶段可以发现，他们对合作关系的分类实际上可以分为 3 个阶段：第一个阶段是合作关系的动荡期，包括认知阶段和探索阶段。此阶段是合作双方试错阶段，制造商与供应商虽然有合作但是并没有长期合作的意愿，合作双方主要利用契约条款作为关系治理机制。第二个阶段是合作关系的扩展期，即关系深化阶段。此阶段制造商开始缩减供应基，明确与少数供应商建立战略采购关系，与供应商签订排他性的契约，并给予供应商优先供应权。第三个阶段是战略合作关系的形成期，即承诺阶段。此阶段双方信任水平和合作满意度水平较高，双方均愿意为维护合作伙伴关系作出牺牲。可以看出，第二阶段是对前一阶段的关系升级，即与供应商进行合作关系的深化，这一结论为相关研究奠定研究基础，遗憾的是后续研究并没有顺延这条研究思路。

三 制造商与供应商合作关系的影响因素

系统和全面地分析制造商与供应商合作关系的影响因素是双方合作关系建立前的重要步骤，它为探析制造商与供应商如何形成合作关系奠定前期理论基础。

Forrest 和 Martin（1992）研究表明，影响合作关系成功的因素有沟通、承诺、良好的人际关系、信任、伙伴间兼容性（包括运作层面及文化层面）及双方对战略目标的一致性。Petroni 和 Panciroli（2002）对制造商与供应商合作关系获得成功的影响因素进行研究，研究结果表明，沟通、协调、吸引、适应、信任和承诺正向影响制造商与供应商合作关系绩效。已有文献中最具代表性的当数 Mohr 和 Spekman（2007）的研究。文中 Mohr 和 Spekman（2007）以个人计算机行业制造商与供应商之间的关系作为研究背景，首先界定合作关系的定义，在此基础上，实证检验影响合作关系成功的因素，包括合作关系属性、沟通行为和冲突解决技巧。合作关系属性包括信任、承诺、相互依赖和协调。沟通行为包括信息共享程度、沟通质量和双方参与度。冲突解决技巧包括共同解决问题（joint problem - solving）、劝说（persuasion）、抚慰（smoothing）、支配（domination）、苛刻的言语（harsh words）和仲裁（arbitration）。这篇具有开创性的研究对后续制造商与供应商合作关系影响因素的研究有重要的指导和借鉴意义。

Ellram 和 Edis（1996）的研究结果表明，长期导向，信任，信息共享、公开及双向沟通对制造商与供应商合作关系形成有显著正向影响。Lambert 等（1996）提出双方共同计划、共同控制运作流程、沟通、分享风险与收益、信任、承诺、契约形式、活动范围及在财务方面的投资是影响供应链制造商与供应商合作关系形成的重要影响因素。此外，Spekman 等（1998）认为影响制造商与供应商合作关系的因素有信任、承诺、信息共享、对未来共同的愿景。Villena 等（2011）的研究结果显示，影响合作伙伴关系成功的因素有共享目标、信息共享、信任、与供应商早期沟通、企业高层支持、相互承诺和理解。Voldnes 等（2012）提出影响合伙关系的因素包括双方内在的信任（inherent trust）、风险与收益共享、对关系持续性预期、供应商开发、共同计划、共同研发、双向沟通、相互帮助的意愿、冲突解决技巧。Luo 等（2013）指出共享知识、相互依赖、组织间链接、合作倾向、互相收益及承诺是影响合作关系形成的主要因素。Abratt 和 Kelly（2002）探索性研究了影响制造商与供应商合作关系成功的因素，包括信任、承诺、沟通、合作及共享分险与收益。Lemke 等（2003）将影响合伙关系成功的因素归结为信任、承诺、相互依赖、信息共享、长期导向及风险与收益共享。

Olsen 和 Ellram（1997）的研究表明，影响合作伙伴关系成功的因素包括信任、"合适"的个性（the "right" personalities）、双向沟通、组织文化的兼容性和组织学习能力、团队的建立及企业高层的支持。Bantham 等（2003）通过文献研究法罗列影响合作关系成功的因素，具体包括管理承诺、资产专用性、共同愿景及目标、信任、绩效持续的提升、良好沟通、冲突解决过程、创新、长期承诺、收益及风险共担、一体化团队、投资能力及学习能力。Leung 等（2005）研究了在中国文化背景下影响合作伙伴关系的因素，包括供应商能力、冲突处理能力、关系、信用、承诺和满意。结果证明，除了满意因素，其他因素对合作关系的影响均显著。Ryu 等（2009）研究了制造商与供应商合作关系形成的前因及后果，提出战略匹配、相互依赖、双方运作兼容性和良好沟通是影响合作关系成功的关键。Roijakkers 等（2006）指出影响制造商与供应商合作关系成功的因素包括具体和清晰的合作目标、关系长度、责任、绩效测量、长期管理、协调、信息透明度、沟通、承诺、价值链结盟、积极的团队合作及对员工的培训。Roy 等（2010）在评价供应链合作关系有效性的问题时指出，影响制造商与供应商合作关系成功的因素是信息流动、组织间链接、资源共享及供应链基础结构。综合文献分析，表 2 - 3 列举了制造商与供应商合作关系影响因素的主要研究成果。

表 2 - 3　　**制造商与供应商合作关系影响因素的主要研究成果**

影响因素	代表作者	主要结论
信任	Mohr 和 Spekman（1994）；Lambert 等（1996）；Duffy 和 Fearne（2004）；Ryu 等（2009）	信任是制造商与供应商合作关系的重要影响因素
承诺	Masella 和 Rangone（2000）；Spina 和 Zotteri（2000）；Duffy（2008）；Ryu 等（2009）	制造商与供应商相互承诺是合作关系建立的重要前提
信息共享	Lambert 等（1996）；Petroni 和 Panciroli（2002）	信息共享对制造商与供应商合作关系有显著的正向影响
相互适应	Cannon 等（1999）；Ahearne（2005）；Yang 等（2009）	供应商对特定制造商的适应以及制造商对特定供应商的适应对合作关系具有正向影响
冲突解决技巧	Spekman（1998）；Goffin 等（2006）；Duffy（2008）	建设性冲突对制造商与供应商合作关系具有正向影响。破坏性冲突对制造商与供应商合作关系具有负向影响
合作规范	Narasimhan（2009）；Luo（2013）；Duffy（2008）	制造商与供应商建立合作规范有利于合作关系的建立
共同解决问题	McEvily 和 Marcus（2005）；Gulati 和 Syteh（2007）	制造商与供应商合作关系受到共同解决问题的正向影响
联合行动	Mohr 和 Spekman（1994）；Fynes 等（2005）	联合行动对制造商与供应商合作关系有显著的正向影响
声誉	Wilson 和 Vlosky（1997）；Powers and Reagan（2007）	声誉对制造商与供应商合作关系有显著的正向影响

第二节　制造商与供应商合作关系深化的相关研究

一　制造商与供应商合作关系深化的动因

丰田、戴尔电脑、戴维森哈雷和克莱斯勒等企业的案例显示制造商和供应商从合作关系深化实践中受益匪浅。合作关系深化带给制造商和供应商巨大的潜在竞争优势，如市场份额的增加和盈利能力的提高等（Mahapatra et al.，2010；Wu et al.，2015）。

但是制造商与供应商合作关系深化也存在潜在风险和隐患，现有文献对此关注不足（Ates et al.，2015）。一方面，合作关系深化通常要求合作伙伴进行一定水平的关系专用性投资（Lavikka et al.，2015），如制造商投资生产专用设备或软件接口，这使得供应商有采取机会主义行为的可能。而作为供应商一旦投资了专用性生产设备，制造商也可能会利用供应商依赖性，故意降低供应品价格等（Tans-kanen et al.，2015）。另一方面，制造商对供应商长期承诺可能会降低制造商柔性和对市场供需变化的响应性等。为此学者们研究了制造商与供应商合作关系深化驱动和障碍因素，旨在降低合作关系深化关系存在的潜在风险和隐患，具体研究结果见表2-4和表2-5。

表2-4　　　　制造商与供应商合作关系深化的驱动因素

驱动因素		文献基础												
		Heide 和 John (1992)	Ellram (1991)	Kumar 等 (1995)	Haged-oorn (1995)	Gentry (1996)	Olsen 和 Ellram (1997)	Ellram 和 Edis (1996)	Wilson 和 Vlosky (1997)	McCutc-heon 和 Stuart (2000)	Ulaga 和 Eggert (2006)	Jap 和 Ande-rson (2007)	Koza 和 Dant (2007)	Dyer 和 Hatch (2004)
新产品开发方面	增加获得技术/信息的可能性	C	C	C	C					C			C	
	减少时间	C	B	B	C	S	S			C			C	
	减少成本	C	C	C	C					C			C	
	提高质量	C	C	C	C					C			C	
	降低风险	C	B	B	C	S	S			C			C	
	共同投资	C	B	B	C	S	S			C			C	
物流方面	改善客户服务		S		C	C			B		C		C	S
	降低成本		S		C	C	B		B		C		C	S
	减少风险		S						S	S				S

续表

驱动因素		文献基础												
		Heide和John(1992)	Ellram(1991)	Kumar等(1995)	Hagedoorn(1995)	Gentry(1996)	Olsen和Ellram(1997)	Ellram和Edis(1996)	Wilson和Vlosky(1997)	McCutcheon和Stuart(2000)	Ulaga和Eggert(2006)	Jap和Anderson(2007)	Koza和Dant(2007)	Dyer和Hatch(2004)
生产方面	提高质量					C	C		C					C
	降低成本					C	C		B					C
	增加柔性					C	C		C					C
	降低风险								S					
管理和战略规划方面	降低成本	B				B			S	B	B			S
	增加客户/供应商的忠诚度		C			C			C		C	C		
	专注于核心竞争力		C			C			C		C	C		S
	投资规划的长期性		S			S			S	S	S		C	

注：C代表为制造商带来的优势；S代表为供应商带来的优势；B代表为合作双方带来的优势。

表2-5　　制造商与供应商合作关系深化的制约因素

障碍因素	文献基础						
	Forrest和Martin(1992)	Ellram(1991)	Ellram和Edis(1996)	McCutcheoneon和Stuart(2000)	Lambert等(1996)	Goffin等(2006)	Mentzer等(2000)
缺乏信任	▲	▲					
不同的文化/价值观念		▲			▲		
缺乏管理承诺	▲	▲					▲
制造商/供应商的大小、可利用资源的限制					▲	▲	▲

障碍因素	文献基础						
	Forrest 和 Martin （1992）	Ellram （1991）	Ellram 和 Edis （1996）	McCutcheon- eon 和 Stuart （2000）	Lambert 等（1996）	Goffin 等 （2006）	Mentzer 等 （2000）
缺乏共同目标 或目标不匹配		▲		▲			
对合作关系的 认知不足							
购买质量 不好的产品						▲	
缺乏利益/ 风险分担		▲	▲				
不愿信息共享 或获取知识		▲	▲	▲			
议价能力的丧失和 对另一方的高依赖性			▲		▲		

从表2-4可以看出，学者们从新产品开发、物流、生产、管理和战略规划4个方面阐述了制造商与供应商合作关系深化的驱动因素，这些因素包括：增加获得技术/信息的可能性、减少新产品上市时间、减少成本、提高产品质量、降低新产品开发的风险、促进双方共同投资等；能够为企业物流带来的收益包括：改善客户服务、降低配送成本、减少风险等；能够为企业生产带来的收益包括：提高产品质量、降低成本、增加生产柔性、降低风险等；能够为管理和战略规划带来的收益包括：降低成本、增加客户/供应商的忠诚度、专注于企业核心竞争力、投资规划具有长期性等。从表2-5可知，合作关系深化障碍因素包括缺乏信任、不同的文化/价值观念、缺乏管理承诺、制造商/供应商大小、可利用资源的限制、缺乏共同目标或目标不匹配、对合作关系的认知不足、购买质量不好的产品、缺乏利益/风险分担、不愿信息共享或获取知识以及议价能力的丧失和对另一方的高依赖性等。综合分析上述文献，目前国外关于制造商与供应商合作关系深化驱动和障碍因素的研究已经达到一定水平，积累了许多有益的理论和实践经验，这为后续研究合作关系深化机理提供了相关理

论依据和指导。

二　制造商与供应商合作关系深化的内涵

现有关于制造商与供应商合作关系深化内涵的直接相关研究很少，但是通过对制造商与供应商合作关系分类文献进行梳理可以发现，很多学者的研究均涉及制造商与供应商合作关系深化的内涵问题。表2-6列出了相关学者对于制造商与供应商合作关系分类的维度和类型，以便于能够从现有文献中提炼出制造商与供应商合作关系深化的具体特征，并在此基础上探讨其内涵。

表2-6　　**制造商与供应商合作关系分类的主要研究成果**

作者	分类维度	分类结果
Ellram（1991）	信息交流：水平和相关性	传统关系：制造商—供应商关系的传统分析框架。制造商表现出低水平承诺以便及时退出
	制造商承诺：激励系统	合作伙伴关系：制造商与供应商共同解决问题。这种关系可能是通过声誉或部分的金融股权得以执行
Wilson（1997）	运营整合：订单、配送管理、物流	传统的关系：纯粹的市场逻辑，基于价格的对抗性关系。 JIT关系：物流方面的高集成度，低水平或没有集成设计。
	技术整合：交换的本成品或最终产品的设计	技术协议：技术整合，注重产品的设计/重新设计。 发展伙伴关系：两个方面的高度集成
Terpend 和 Krause（2015）	信息处理的需求（由于环境、伙伴关系和任务的不确定性）	这两个维度之间的匹配关系决定关系的类型： 　远程关系：传统的市场关系。 　电子控制：高度竞争的供应市场，强调制造商的控制重点。 　电子方面相互依存：高度定制的部件、相关的专用性投资、丰富的信息交流。 　结构关系：复杂/定制化的产品，低的产品/市场的动态，供应商方高度竞争，对结构和控制机制投资力度大。
	信息处理能力（相关的结构、流程和信息技术的机制）	相互调整和适应关系：高新技术、新的和复杂的产品、供应商驱动的合作关系、高度的信任

作者	分类维度	分类结果
Lambert 等 （1996）	不明确的	短期关系：没有承诺、没有联合运作。 　　第一类型伙伴关系：活动和计划的有限协调，短期视角。 　　第二类型伙伴关系：活动和计划的一体化，长期视角。 　　第三类型伙伴关系：明显的活动和计划一体化，无期限。
	无	合资企业：在某种程度上合作伙伴间共有所有权
Zhao 等（2008）	范围：服务范围包括在战略联盟中	有限的联盟：狭窄的合作范围和强度。目的只是与现有供应商合作。 　　聚焦联盟：与议价能力较低的供应商合作，进行专用性投资以减少在有限区域的总体成本。
	强度：由当事人直接涉入的程度	广泛联盟：合作范围广泛、低强度，和现有供应商合作、转换成本低。 　　联盟一体化：企业扩大和加强双方的合作关系
Lui 和 Ngo （2012）	制造商专用性投资水平	市场交换：标准化产品、极具竞争力的供应市场、低转换成本。 　　制造商被"锁定"：基于成熟型技术的复杂产品、供应商有专有性技术和强大的议价能力。 　　供应商被"锁定"：基于频繁创新的复杂产品、竞争性市场、为数不多的制造商并具有强大的议价能力。
	供应商专用性投资水平	战略伙伴关系：技术复杂、高度定制、竞争和集中性市场、供应商在设计、工艺和制造方面能力得到认可
Kwon（2008）	技术：从标准化到先进的定制化	商品供应商：标准化的技术、低协作的传统市场关系。 　　协同专家：标准化的技术、供应商根据制造商的具体要求生产和开发新技术。
	协作：制造商和供应商间的协作水平	技术专家：拥有独特的技术和能力，但与制造商不是紧密的合作关系。 　　问题解决者：供应商发展先进的技术以为解决制造商设计和生产问题
Masella 和 Rangone （2000）	基于时间的合作关系	A 类型：短期的物流一体化。 B 类型：长期的物流一体化。
	制造商和供应商一体化的本质	C 类型：短期的战略一体化。 D 类型：长期的战略一体化

续表

作者	分类维度	分类结果
Essig 和 Amann（2009）	在合作关系中制造商的战略优先地位：降低成本或能够得到关键的技术创新	竞争的压力：制造商的首要目标是降低成本。单一（或平行）采购，以保持供应商之间的竞争，同时避免敌对的关系。 战略联盟：目的是利用互补性资产以获得长期竞争优势。 合作伙伴关系：通过联合行动以开发供应商能力。制造商和供应商关系最终会演变成以前两种关系的一种
Pressey 等（2009）	供应商依赖制造商 制造商依赖供应商	承包商主导：供应商的依赖性水平高。 分包商主导：制造商的依赖性水平高。 相互依存的关系：制造商和供应商相互间的依赖性水平都高。 不相互依赖关系：彼此间依赖性水平都低

从表2-6可知，前期关于合作关系的分类标准可以分为三种：第一，制造商与供应商互动水平。比如，根据合作关系活动和过程或者对交换对象和信息的交换强度作为分类标准。第二，制造商与供应商合作程度和范围以及承诺水平。第三，依赖性程度高低和资产专用性程度以及企业能力。

通过对已有研究的进一步分析，发现后两种分类标准可以归为一类，即合作水平。因此，我们得到两类合作关系的分类标准：（1）互动水平。它与制造商原材料和信息交换的频率密切相关，指的是制造商与供应商互动发生的范围（如实物交付、交付时间、出具发票和付款时间、生产计划和新产品开发）以及随合作时间延续双方交换的强度和规律。（2）合作水平。它与双方共同活动执行程度和企业对解决冲突（协作或对抗的方法）的态度密切相关。基于这两类分类标准，我们得到4类制造商与供应商合作关系，如图2-1所示。

		合作水平	
		低 高	
互动水平	高	基于项目的合作关系	全面深化的合作关系
	低	传统意义上的合作关系	基于运营的合作关系

图 2 - 1　制造商与供应商合作关系的分类

第一类是传统意义上的合作关系。这类关系中制造商与供应商合作和互动水平很低。供应商必须保证所供应产品和服务的质量，价格完全依靠市场机制确定。双方没有任何关系专用性投资，制造商利用其议价能力降低价格，合作双方转换成本很低。因此，制造商往往从短期看待双方合作关系，并时常威胁要结束合作关系以获得较低价格（Andersen et al.，2009）。

第二类是基于运营的合作关系。运营关系的存在是因为制造商想减少大宗商品以及高频率交换产品的相关费用。当产品具有高附加值或当产品运输、仓储和装卸处于临界点时，有效运营计划和信息共享就成为关键。管理制造商和供应商间界面需要运用具体的管理技术，包括频繁送货、连续补货和质量认证以及数据共享（如库存水平或交货计划）等。虽然合作双方为提高运营绩效而采取联合行动十分必要（Pressey et al.，2009），但制造商可能并不愿意进行专用性投资，因为在竞争激烈的供应市场有大量供应商存在，而且产品定制水平较低。在某些情况下，供应商甚至不得不适应制造商强加的信息共享标准（Bode and Wagner，2015）。

第三类是制造商和供应商之间基于具体项目而形成的合作关系。合作双方可能共同设计、开发或重新设计一款新产品，生产过程和设备布局能够帮助制造商选择合适的供应商。尽管这种关系受限于相对较短的时间和地域界线，但双方信息交流与合作程度依然较高。在基于项目的合作关系诸如隐性契约、声誉和信任等因素会对合作项目绩效产生影响（Buvik et al.，2014）。

第四类是全面深化的合作关系。合作关系深化作为衔接制造商与供应商前期关系积累与战略合作伙伴关系形成的重要桥梁，是双方在以往合作过程中，随着合作质量和关系嵌入性水平的提高，而改变双方关系行为和达成合作规范共识的一种状态。在全面深化的合作关系中，制造商给予供应商优先供应权，与供应商签订排他性契约，让供应商感觉能从制造商那里获得比其他供应商更好的待遇。其特点是随着时间的推移，双方相互合作和持续互动的水平很高。这种关系出现在产品或部件需要双方共同开发或共同设计一个物流一体化系统以同步需求和供给或减少运输、仓储及行政费用。这时需要专用性投资以支持物流一体化的集成程度，如投资建立集成计算机网络、共用设施或培训界面人员。因此，合作关系深化关系通常源于前期稳固交易关系的演变，期间双方形成了相互信任和共同的长期目标。

三　制造商与供应商合作关系深化的影响效应

迄今为止，来自不同学科学者们研究在合作双方、三方乃至更大供应网络中这种长期关系前因与后果，并尝试基于不同理论视角解释其带来的关系价值（Carter et al. , 2015；Wilson and Vlosky, 1997；Beske et al. , 2015；Melewar et al. , 2015）。但是，其中大部分有关制造商与供应商合作关系影响效应的研究都关注诸如给顾客提供价值或降低顾客成本这些有形资源而较少涉及无形资源（Wuyts and Geyskens，2005）。

为探析制造商与供应商合作关系深化的影响效应，本书对一些国际著名学术期刊进行了梳理。使用两个标准选择符合本书要求的学术期刊：（1）以制造商与供应商合作关系为研究主题；（2）发表的主要是实证文章。重点关注那些涵盖采购、运营管理和供应链管理的学术期刊。对于采购类期刊的选择意图非常明显，而运营管理和供应链管理类期刊由于涉及从供应商处购入原材料和半成品等的制造业务，因此作为我们研究的主要候选期刊。根据这两个标准我们最终选择了供应链管理杂志（JSCM）、运营管理杂志（JOM）、管理学会杂志（AMJ）和战略管理杂志（SMJ），这些杂志均是高质量的学术刊物，近年来越来越多的文章集中于研究制造商和供应商间的合作关系。

通过对 1986—2014 年间在这 4 种学术期刊发表的有关制造商与供应商合作关系的文献梳理发现，制造商与供应商合作关系深化影响效应的研究主要聚焦于关系的价值创造，具体来说包括以下 4 个方面：改善制造商运作绩效、提高合作双方一体化程度、提升供应商能力及改善制造商财务绩效。根据价值创造随时间的变化，将 1986—2014 年分为 4 个时间段，下面分别予以介绍。

（1）在 1986—1991 年间共发表 17 篇有关制造商与供应商合作关系的文章，其中有一篇文章与合作关系深化有关。在这段时间内学者们主要关注基于运营绩效和财务绩效的关系价值产生的利益问题，如质量、成本、交付、存货及到货提前期等，并且有研究开始关注制造商和供应商合作关系深化关系产生的一体化绩效，具体如图 2 - 2 所示。

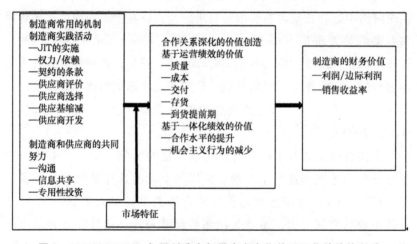

图 2 - 2 1986—1991 年间制造商与供应商合作关系深化的价值创造

（2）在 1992—1995 年间共发表了 28 篇有关制造商与供应商合作关系的文章，其中有 4 篇文章与合作关系深化有关。表明在 20 世纪 90 年代初期学者们开始热衷于制造商和供应商合作关系深化的研究。除了继续关注基于运营绩效和财务绩效的关系价值产生的利益，在这段时间内学者们开始关注基于一体化的关系价值产生的利益问题，例如改进的合作/协作/合作伙伴关系等。制造商实践活动和双方共同努力与1986—1991年间的研究相比基本保持不变，但在考虑制造商和供应商共同努力的类型方面出现一些变化，主要表现为凸显了制造商与供应商信任和电子数据交换的重要性。此外，学者们开始将市场特征细化为制造商企业特征和产品特征，并涉及供应商能力提升的关系价值问题，如图2-3所示。

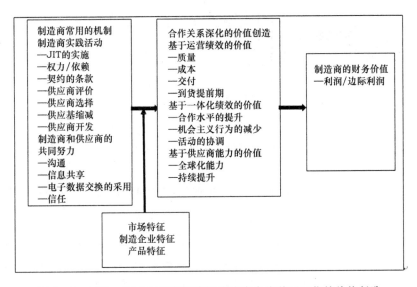

图2-3　1992—1995年间制造商与供应商合作关系深化的价值创造

（3）在1996—2000年间，共发表了39篇有关制造商与供应商合作关系的实证文章，其中有6篇文章与合作关系深化有关。分析这些文献发现，这些研究在细化市场特征的同时，继续考虑影响运作绩效和一体化绩效关系价值的因素，并开始深入研究影响供应商能力关系价值的因素。基于供应商能力的关系价值具体表现为不断改进全球化能力、技术获取和改进新产品开发绩效。除了持续关注制造商的实践活动，研究人员把更多重点放在供应商的评价、开发、认证、培训以及拜访供应商方面，如图2-4所示。

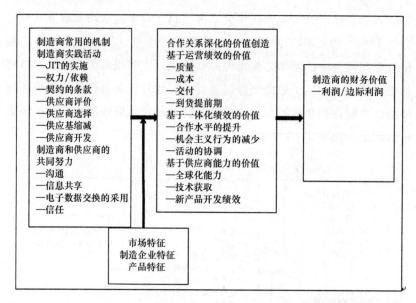

图 2 - 4　1996—2000 年间制造商与供应商合作关系深化的关系价值创造

（4）在 2001—2014 年间，共在这些学术期刊上发表 67 篇文章，其中有 8 篇文章与制造商与供应商合作关系深化有关。这些研究主要内容是制造商和供应商合作关系的实践和双方共同努力对制造商绩效的影响。与前期研究相比，制造商与供应商合作关系深化对基于一体化和供应商能力的价值创造方面的研究在继续增加，如图 2 - 5 所示。

我们不难看出，在 1986—2014 年间制造商与供应商合作关系深化所创造的关系价值发生了较大改变。分析这 4 个时间段的研究成果不难发现，在 20 世纪 80 年代后期制造商与供应商合作关系深化所创造的关系价值几乎完全体现在运作绩效的改善方面。基于供应商能力价值创造的研究始于 20 世纪 90 年代初，而在 21 世纪初期，财务绩效已经不是制造商与供应商合作关系所创造价值的核心问题。

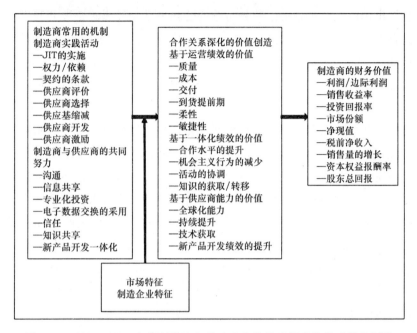

图 2-5 2001—2014 年间制造商与供应商合作关系深化的关系价值创造

第三节 制造商与供应商合作关系深化 影响因素的相关研究

Jap（2002）最早研究制造商与供应商合作关系深化的影响因素，认为关系情境是关系结果的重要影响因素并检验分享原则的调节效应。Jap（2002）指出关系情境包括资源特性（异质性、可分割性和不对称性）和组织特性。关系结果包括合作结果公平性、以往合作满意度以及合作关系深化的意愿。Wagner 等（2010）基于公平理论，以价值创造与价值分配为核心变量分析制造商与供应商合作关系深化的影响因素。Wagner 等（2010）将供应商项目嵌入制造商与供应商持续的外包合作关系中，实证检验关系信任和关系满意如何通过供应商项目影响制造商与供应商合作关系深化。Wagner 等（2010）指出持续的合作关系是制造商与供应商合作关系深化的重要影响因素，并且提出用嵌入性理论可以解释持续的合作关系怎样影响制造商与供应商合作关系深化，这为本书的研究提供了有益的研究视角和理论基础。

Wagner 等（2011）认为制造商与供应商合作关系的形成是动态发展的，双方有过合作经历并不意味着就建立了长期合作伙伴关系，前期合作经历只有发展到合作关系深化，才能逐步建立稳定的长期合作伙伴关系。Wagner 等（2011）基于关系理论、信号理论和社会交换理论，实证检验在具体项目合作中供应商声誉对制造商与供应商合作关系深化的影响，并检验结果公平性、信任以及关系持续性的中介效应。Visentin 和 Scarpi（2012）研究制造商与供应商之间合作关系升级的影响因素，解释了满意、信任、忠诚（包括情感性忠诚和认知性忠诚）和关系认同这些社会和经济因素与制造商与供应商合作关系升级的内在关系。Visentin 和 Scarpi（2012）认为忠诚是合作关系升级的重要影响因素，其中情感性忠诚是合作关系升级的一个决定性中介变量，信任、关系认同这些社会方面因素与满意等经济方面因素都通过情感性忠诚最终影响制造商与供应商合作关系升级的意愿。

还有学者从关系嵌入和合作质量视角分析了其如何影响制造商与供应商间合作关系的深化（裴旭东等，2013）。Gulati 和 Singh（1998）认为关系嵌入是网络嵌入的一个重要维度，是指每个网络参与者的经济行为嵌入与他们互动的关系网络中，主要研究网络参与者间相互联系的二元关系结构和特征问题。关系嵌入强调成员间的互动过程和互动质量，通过互动，成员间可以分享更多的信息和知识，凭借强有力的社会化关系影响成员的经济行为，从而影响合作关系深化。Hagedoom（2006）在分析嵌入性对合作关系深化的影响时，将嵌入性分为二元嵌入、组织间嵌入和环境嵌入。二元嵌入强调对偶企业间信任和紧密程度会直接影响合作关系深化的稳定性与长期性。组织间嵌入是指组织通过直接涉入嵌入性网络获得合作经验，这种合作经验有助于合作关系深化并对企业关系行为及能力产生影响。环境嵌入涉及宏观环境与中观环境两个方面。宏观环境嵌入指由于国家在社会文化、经济、习俗等方面的差异因而对企业间合作关系深化以及企业未来关系行为产生影响。中观环境嵌入则指由于产业特点和产业背景的不同因而会对企业间合作深化产生影响。Hagedoom（2006）所提环境嵌入性、组织间嵌入性和二元嵌入性影响组织间合作关系深化的模型如图2－6所示。

从图2—6中可以看出，Hagedoom（2006）认为环境嵌入性、组织间嵌入性和二元嵌入性会影响合作关系深化，但这种单向影响关系与它们之间两两交互以及三者交互的影响关系相比，其影响效应最小。Hagedoorn（2006）的研究给我们提供了一条从嵌入性理论解释企业间合作关系深化的新视角，表明从嵌入性视角探讨企业间合作关系深化的可能性。

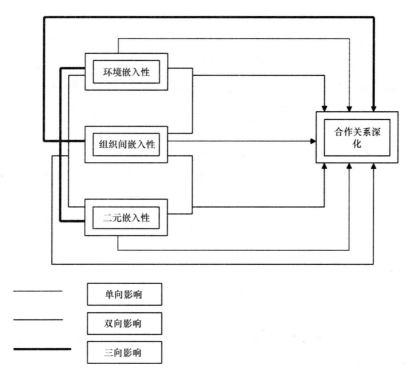

图2－6　环境嵌入、组织间嵌入和二元嵌入对合作关系形成的影响

资料来源：根据 Hagedoom（2006）的文章改编。

合作质量的构念源自 Hoegl 和 Gemuenden（2001）提出的团队质量的概念。他们将团队质量作为多维构念以衡量在一个特定团队内互动质量水平。团队质量主要表现在 6 个方面：沟通、协调、成员的贡献、相互支持、努力和凝聚力。在 Hoegl 和 Gemuenden（2001）研究的基础上，Yan 和 Dooley（2014）提出了合作质量的构念，认为合作质量是合作双方在何种程度上可以进行有效的互动。基于组织过程有效性标准、团队管理的相关文献以及制造商与供应商合作的相关文献，Yan 和 Dooley（2014）提出合作质量包括沟通质量、相互支持、充分的努力、相互协调和知识/技能的贡献。因此，一个合作过程的有效性标准是由高质量沟通、合作双方相互支持、充分努力、相互协调任务和共享知识/技能加以衡量（黄聿舟和裴旭东，2015）。

沟通质量是合作双方在一定程度上沟通的及时性和准确性，其已被证明可以改善组织不同层次的绩效。跨组织合作沟通会正向影响供应商绩效和提高制造商对合作关系的承诺（Cai et al.，2009）。制造商与供应商间的沟通质量也是制造商对供应商关系满意的重要保证。跨部门的高质量信息共享常常导致项目的高财务绩效。对于项目团队而言，信息交换的完整性与技术和商业成功密切相关。相互支持是合作双方在何种程度上公开分享重要的思想以及在合作的氛围中相互适应对方。许多研究结果均证明合作伙伴之间的相互支持对他们协同工作的成果具有积极作用。Primo 和 Amundson（2002）的研究发现，制造商与供应商之间的相互支持是合作研发成功的关键。缺乏相互支持的结果，被证明是与项目开发时间负相关。对合作伙伴需求响应是一个制造商与供应商合作关系成功的关键，当合作伙伴在面对变化和冲突时相互支持对方，彼此间就会充分考虑对方需求。充分的努力是合作双方在何种程度上致力于达成合作的共同目标。合作双方充分的努力是制造商与供应商合作关系成功的重要保证。在一般制造商和供应商的二元关系中，许多研究结果验证了合作双方充分的努力与合作关系深化密切相关。相互协调是合作双方的努力产生的依赖感在何种程度上得到了有效管理。对合作中各种任务的协调可以显著提高合作关系绩效。组织间的水平上，制造商和供应商之间的相互协调活动明显与制造商满意和双方销售业绩的提升正相关。知识/技能的共享是合作双方在何种程度上将各自拥有的知识/技能应用于特定的合作项目中（黄聿舟等，2013）。

有关合作质量的研究主要集中在其对企业绩效的影响方面。Heimeriks 和 Schreiner（2002）在战略联盟的研究情境中界定合作质量，验证了合作质量是联盟能力与联盟绩效间的重要中介变量，并对联盟绩效有显著的向影响。他们提出合作质量的 6 个维度：资源配置、合作伙伴的兼容性、协调功能、信任程度、承诺水平以及信息共享与沟通。Hoegl 等（2004）研究了团队质量对团队整体绩效的影响，研究结果表明，团队质量与团队绩效以及是否坚持计划的执行显著正相关，但与质量和预算坚持没有明显的相关关系，团队质量在新产品开发项目的早期阶段比在后续阶段对团队绩效的影响大。Hoegl 和 Wagner（2005）以制造商和供应商合作关系背景扩展了团队质量的概念，用制造商和供应商合作程度来衡量制造商新产品开发项目中供应商的参与问题。研究发现，在控制了沟通强度和频率曲线的影响效应后，合作质量与新产品开发项目绩效呈显著的正相关关系。

综上所述，合作质量作为一个新提出的构念在制造商与供应商合作的相关文献中并没有得到广泛和深入的研究。前期研究主要集中在对企业整体绩效的影响方面，对于合作质量在制造商与供应商合作关系深化中所起的重要作用将是我们下一步要研究的方向。

第四节　现有研究评述

制造商与供应商合作关系深化的重要性逐渐受到学者关注，已有研究成果对于把握制造商与供应商合作关系深化内涵、认识其多方面表现、明确制造商与供应商合作关系深化的特性、探究制造商与供应商合作关系深化的影响因素有重要意义。通过认识制造商与供应商合作关系深化的内容，有助于进一步了解制造商与供应商合作关系演化的过程。通过把握合作关系深化的特性，能够深刻认识制造商与供应商合作关系深化行为，为后续研究奠定了坚实基础。通过明确制造商与供应商合作关系深化的影响因素，有助于解释制造商与供应商合作关系深化行为产生的原因，指导制造商有效开展供应商的管理活动。但是作为衔接合作双方前期关系积累与战略合作伙伴关系形成的重要桥梁，现有研究对合作关系深化的研究还存在以下不足：

（一）已有研究并未围绕制造商与供应商合作关系深化的构成维度开展相关研究，合作关系深化的结构维度仍然未知。虽然学者们注意到合作关系深化的重要性，但是有关其分类构成研究并不多见，鲜有文献探讨如何测度制造商与供应商合作关系深化的问题，缺少有效的合作关系深化的测量量表。因此有必要针对合作关系深化的构成维度展开专门研究，构建一套信度和效度良好的制造商与供应商合作关系深化的测量量表。

（二）制造商与供应商合作关系深化影响因素的相关研究较为分散，缺乏系统性和针对性较强的研究成果。学者们已经开始尝试从信号理论、社会交换理论等视角对合作关系深化的影响因素进行探讨。但是相关研究较为分散，系统性不强，这不利于我们建立对合作关系深化影响因素的整体认识，不利于从多视角认识合作关系深化产生的深层次原因。因此有必要借鉴已有研究成果，系统地梳理和探索制造商与供应商合作关系深化的关键影响因素，对这些因素进行归类和验证，以厘清影响合作关系深化的因素。

（三）现有文献对制造商与供应商如何实现合作关系深化的问题缺乏深入讨论，其影响机理仍然是理论的"黑箱"。现有关于制造商与供应商如何实现合作关系深化的研究大都碎片化的散落于文献中，研究的系统性和针对性较弱，导致我们对制造商与供应商合作关系深化形成的内在规律缺乏认识，难以为合作关系深化的顺利运行提供理论指导。因此有必要探索各个影响因素的作用机理，揭示合作关系深化机理，推进合作关系深化的研究，为制造商有效利用供应商资源、管理供应商行为提供理论借鉴和实践指导。

综上所述，本书以制造商与供应商的二元关系为研究情境，探索制造商与供应商合作关系深化的结构维度，在此基础上构建一套信度和效度良好的合作关系深化的测量量表。明确合作关系深化的影响因素，检验这些因素对合作关系深化的影响，探索各个因素间的作用机理。

第三章 制造商与供应商合作关系深化的构成维度及测度研究

第一节 合作关系深化构成维度的探索

为了研究制造商与供应商合作关系深化的构成维度，选择扎根理论作为本章的研究方法，主要基于以下两点考虑：一是制造商与供应商合作关系深化的研究属于比较新的研究领域，已有研究由于研究目的和研究视角的不同，成果间存在一定程度的差异；二是扎根理论的研究方法比较注重以访谈原始资料为基础，通过对访谈原始资料的分析与归纳，帮助研究者挖掘核心构念。选择扎根理论不仅避免在研究中陷入先入为主的误区，还能够从资料中发现和建构新理论。

一 研究方法选择及扎根理论简介

Miles 和 Huberman（1984）认为大部分质性研究都是自然取向的，研究者通过分析和梳理资料，可能会将某些主题和表达抽出，这些主题和表达可能是已有学者已经提出的。Eisenhardt（1989）指出通过个案研究来构建理论的程序可以分为几个不同的观点，例如 Glaser 等（1968）提出以比较的方法来开发扎根性理论、Yin（1994）的个案分析研究法以及 Miles 和 Huberman（1984）提出的系列编码程序的方法等。因此可以将个案研究的取向分为验证性、归纳性和扎根理论研究法。Yin（1994）所提出的验证性研究方法强调研究设计的逻辑性，通过单一或多重案例的研究设计以实证资料验证构建的新理论。Eisenhardt（1989）的归纳性研究方法强调基于归纳性的个案分析，经由开放式与归纳式的探索过程构建出以个案实证资料的理论观点，并与已有的理论进行比较分析，已提出符合逻辑且可以验证的理论命题。质性研究与量化研究方法在许多方面存在差异，其中最根本的差异在于前者是针对所收集到的资料，以归纳的方式挖掘核心构念和构建相关理论，后者则是基于前人的理论基础和研究发现，以演绎的方式来建立构念和理论后，再进行大样本验证。质性研究与量化研究的异同点比较见表 3 – 1。

表 3 – 1　　　　　　　　**质性研究与量化研究的比较**

质性研究	量化研究
主观且多元，研究者通常参与其中	客观且单一，与研究者独立分开
研究容易出现偏差，易受到价值观影响	研究无偏差，不受价值观影响
理论可以有因果关系或 无因果关系，归纳而得	理论大部分存在因果关系，通过演绎而得
研究者进行资料分析，发现其含义	验证研究者建立的研究假设
构念以主题、特性、概念与分类来表示	构念以清楚的题项来表示
为研究者本身设计特别的测量方式	在资料收集前进行系统性与标准化测量
资料来自于文件、观 察与笔记的文字形式	资料来自于能够精确度量的数字
个案与研究对象较少	有许多的个案与研究对象
研究程序是特别的，很少可以复制	研究程序是标准化的、可以复制的假设
以证据和组织资料的程序形 成连贯一致的推论，以引出命题	以统计图表的分析过程来 讨论结果与假设间的关系

资料来源：根据 Glaser 等（1968）的文章改编。

扎根理论最早由 Glaser 等于 1968 年提出，是一种被广泛应用到各种不同学科领域的质性研究方法。Glaser 等（1968）所提出的扎根理论方法则比较适用于对现象未知以及缺乏先验构念的条件下，经由探索与逐步聚焦的资料收集与分析中，找出能够解释该现象的核心构念和理论。该理论通过对原始资料进行开放性编码、主轴编码和选择性编码等来分析和整理资料中信息间的内在联系。开放性编码是扎根理论研究方法中最为重要的一环，这是对原始访谈资料进行分解和梳理的过程，通过对原始数据进行开放编码，明确概念属性和范畴的分析过程。主轴编码也叫二级编码，是围绕某一范畴的轴线发现和建立主要范畴与次要范畴之间联系的过程。选择性编码也叫三级编码，是从现有的概念范畴中通过全面系统的实际数据分析，选择一个核心范畴，将资料的分析不断地集中到那些与该核心范畴有关的编码上。选择性编码是整合与凝练理论的过程，该过程涉及的技术主要有明确和撰写故事线、运用图、表和备注等方法，其中明确和撰写故事线是选择性编码中最常用的方法之一[112]。

综合考虑本书的研究情境以及在个案研究中各个研究方法的特点，本书提出使用扎根理论的研究方法来探索制造商与供应商合作关系深化的构成维度。图 3-1 为扎根理论研究流程图。

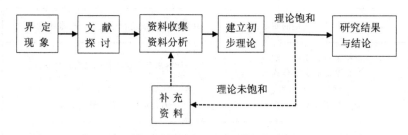

图 3-1　扎根理论研究流程图

二　理论性取样

理论性取样其实质是有目的性的抽取调研样本，以满足挖掘核心构念和构建理论的需要。根据理论性取样的典型性和一致性的原则，本书选取陕西法士特齿轮有限公司、西安西电电力电容器有限责任公司、东风汽车股份有限公司、比亚迪股份有限公司、陕西重型汽车有限公司、中国重汽集团有限公司、山东鲁能泰山电力设备有限公司等18 家制造商的36 个采购主管、项目经理以及运营经理等中高层管理者作为研究对象，使用扎根理论的研究方法收集、分析和整理访谈数据，并进行数据的编码，数据收集达到理论饱和就立刻停止，以期探索制造商与供应商合作关系深化的构成维度。

三　深度访谈

本书主要采用半结构化深度访谈收集研究所需的第一手数据。深度访谈实施的有效性取决于对所要研究问题和研究假设的充分理解，并在此基础上设计可行的访谈提纲，包括研究主题、提问顺序以及针对访谈对象可能的回答设置追问式问题。本书的访谈对象是制造商的中高层管理人员，包括采购主管、项目经理、运营经理以及副总等，他们在本企业工作多年，熟悉企业经营管理理念和流程，对制造商与供应商合作关系深化有许多内隐知识、观念和认知，采用半结构化深度访谈并结合焦点团队访谈，以期通过追问式访谈设计诱发其内隐性认知，并使其显性化。访谈时间从2011 年3月到12 月，选取10 家企业的20 名管理人员，共进行20 次深度访谈，每次1.5 ～2 小时，并在访谈中进行语音录音与书面化重点摘要的工作，访谈后将录音记录进行逐字稿的撰写工作，以方便后续进行资料的分析和整理，由于多次访谈的进行，可以帮助确认访谈内容的可靠性和前后一致性。

深度访谈主要聚焦于以下几个问题：（1）本行业中是否有合作关系深化成功的例子；（2）在与供应商的合作过程中，哪些因素可能会影响（促进）制造商与供应商的未来合作；（3）与供应商的多次合作是否会导致合作关系深化；（4）与供应商的多次合作会形成哪些方面的共识和默契；（5）在合作过程中，制造商与供应商共同接受的合作规范和默契都表现在哪些方面；（6）以一次合作为例，说明在合作过程中合作伙伴的行为方式和态度。需要说明的是，上述问题只是访谈时的起始性问题，在访谈的具体实施过程中并不局限于以上问题。Glaser 等（1968）指出采用扎根理论作为研究方法在收集资料时可以结合深度访谈、焦点团队访谈，确保访谈内容的可靠性和前后一致性。因此，在第二个阶段，将剩余的 8 家企业共 16 名管理人员随机分为 3 组，采用集体讨论的方式分别进行 2 ~ 2.5 小时的焦点团队访谈。通过半结构化深度访谈和焦点团队访谈，共收集和整理了 1.5 万字的文字资料以及语音录音、相关文件等素材。严格遵循扎根理论的要求，对这些原始资料进行开放性编码、主轴编码和选择性编码。

四　编码过程

（一）开放式编码

根据理论性取样原则，首先对所得资料进行分析和开放式编码。开放式编码是将原始资料逐步进行范畴化和概念化，为范畴命名，并确定范畴的属性和维度。在开发性编码的过程中，研究者应尽量避免预设和个人倾向的影响，力求将所有资料按其原始状态进行编码。同时，在此过程中，将原始资料分解成独立部分后，再反复检验与比较其异同，一经发现有意义关联性和概念相似性的条目，就对这些条目进行类聚，所得到的这些更抽象的概念就是范畴。在此过程中，使用"逐行、逐句、逐段编码"的方法，力求让原始资料中包含的初始概念得以涌现。

如表 3 - 2 所示，在开放性编码过程中，共得到 391 条出现频次大于 4 项的原始访谈条目，将这些条目纳入编码库，并最终提炼出53 个概念性编码。

表3－2　　　　　　　　　　开放式访谈编码库

原始访谈资料示例	开放式编码	出现频次
"随着合作时间的延续，我们与供应商之间不再签订短期合同，我们的合同往往是<u>不固定期限</u>的。具体形式一般是双方签订<u>非招标性价格协议</u>，在供应商能够自发改进自身绩效的前提下，保证提高当期或以后的<u>采购量</u>，并适当提高对供应商的<u>预付款和付款比例</u>。"	a11 不固定期限 a12 非招标性价格协议 a13 采购保证 a14 付款保证 a15 技术支持	9 15 7 10 12
"在供应商能够持续满足我们要求过程中，必要时我们也会考虑对供应商进行一定程度的<u>技术支持</u>和<u>设备投资</u>，委派我们有经验的工程师定期访问供应商，给他们提供具体的<u>技术指导</u>。当然，这些都属于对供应商改进绩效的<u>附加奖励保证</u>，事实证明，这些保证措施确实很好地起到了激励供应商的作用，增加未来我们与供应商在更多的项目中进行<u>合作的意愿</u>。"	a16 设备投资 a17 定期访问 a18 技术指导 a19 附加奖励保证 a20 合作意愿	10 6 8 11 13
"当然，我们同时也是其他企业的供应商。作为供应商，我们在一开始与制造商合作时并不会太多考虑长期利益而自身牺牲短期利益。除非是随着合作时间和合作次数的增加，双方建立了一定的信任感和依赖感，我们会签订一个正式的<u>排他性供应协议</u>，即在销售旺季，我们也会保证对该制造商<u>优先的产品供应</u>。如果双方信任感和依赖感进一步增强，我们会商讨一些更能适应对方要求的具体措施，比如<u>改变我们现有的生产工艺</u>，生产一些有别于现有产品特性的产品以便更好地满足该供应商的需求。同时，<u>适当调整我们现有的物流体系</u>以及时响应制造商的物流要求。"	a21 排他性供应协议 a22 改变生产工艺 a23 改变产品特性 a24 调整物流系统	10 7 9 11
"我们刚开始合作时，双方也都抱有尝试的心理。但随着我们与制造商交易规模和交易次数的增加，双方人员间开始建立良好的<u>人际关系</u>，<u>共同的交易经历</u>使得我们逐渐达成了一种<u>合作范式</u>，形成相对固定的<u>行为模式</u>。"	a25 人际关系 a26 共同经历 a27 合作范式 a28 行为模式	5 11 16 4
"我们开始尝试<u>互换人员</u>并<u>共同制订运营计划</u>，渐渐形成与供应商共享生产运营层面的各种信息的意愿。在这个过程中，我们开始<u>理解和认同各自的价值观念</u>，目标趋于相同，并愿意为这个<u>共同目标</u>的实现而努力。"	a29 人员互换 a30 共同制订运营计划 a31 信息分享意愿 a32 共同价值观 a33 共享目标	7 6 8 14 13

原始访谈资料示例	开放式编码	出现频次
"双方合作时间长了，我们会定期培训和教育供应商员工，帮助供应商消除生产过程中的无增值行为，必要时会为供应商提供提高其绩效或能力所需要的设备和工具，并有意识地让供应商参与企业的各类运营活动，尤其是在新产品开发过程中会及时听取供应商意见和建议，及时分享各自所需信息，分享信息的内容不但完整而且是可靠和值得信赖的。 当然，在此过程中会面临许多问题和争论，这时我们一般都会自发地解决纷争，并在一起共同解决这些问题，此时前期良好的人际关系起到很关键的作用。实践证明，这些活动均有助于我们形成共同价值观念和目标的实现。"	a34 人员培训 a35 供应商参与运营 a36 沟通 a37 信息共享 a38 调节冲突 a39 共同解决问题	4 5 14 12 10 6
"合作次数多了，我们与供应商都觉得形成相对规范的合作范式很重要，它会直接影响双方在合作过程中的各种行为，并对合作双方长期导向的建立产生直接影响。" "但是形成规范的合作范式是不太容易的，一个有效途径是将双方书面承诺的正式协议的具体内容不折不扣地执行到位，这是合作规范形成过程中的重要保证。一旦对合作规范达成共识，我们就会考虑在以后的合作过程中对供应商进行直接投资，这样就有利于提高供应商对合作的忠诚度，大大增加未来我们与供应商在更重要的项目中进行合作的概率"。 "作为供应商，我们对合作过程中的各种有形和无形资源的投入是比较谨慎的，但是态度谨慎并不意味着不投，这取决于双方在前期合作中关系质量水平的高低。如果前期合作质量较高，企业内部当然会做出一定程度的调整以适应制造商的特殊要求，比如我们会应制造商的要求引入先进的库存管理模式，调整一些原有人员的岗位已达到准时供应和及时交货的要求。还有在研发特定的新产品时，我们会充分听取制造商的意见和建议，做大量技术和工艺等方面的投资，当然这些知识投资都是专用性程度很高的，再用作他途的可能性较小。当然这些投入也换来了较高的回报以及制造商高水平的承诺。"	a40 长期导向 a41 履行契约 a42 达成共识 a43 资金支持 a44 未来合作概率 a45 改变库存管理方式 a46 改变人员配备 a47 知识专用性投资	16 15 8 7 9 5 4 7

原始访谈资料示例	开放式编码	出现频次
"在我们与供应商合作的过程中，如果相互配合比较<u>默契</u>，就更容易对合作目标形成<u>一致性</u>的想法。这样做的好处是最大限度地降低双方认知冲突，减少沟通和决策的成本，提高我们在以后更加重要的具体项目中合作的意愿和可能性，毕竟频繁地更换合作伙伴是我们都不希望看见的结果。"	a48 默契 a49 一致性想法	12 9
"我们在与制造商打交道的过程中总体感觉还是不错的，尤其是与那些前期建立了较好合作关系的制造商情况更是如此。前期的良好合作带给我们在更大、更重要的项目中合作的机会。对于这样的制造商，我们通常会<u>比其他制造商投入更多的时间、更好的生产工具和设备以及更优秀的人力资源</u>，最大限度地满足其需求，其结果是换来该制造商更大程度的投资。"	a50 优先投入时间 a51 优先投入生产工具 a52 优先投入设备 a53 优先投入人力资源	6 5 7 5

（二）主轴编码

主轴编码是扎根理论编码分析中的第二个步骤，与逐行、逐句、逐段编码的开放性编码相比，主轴编码更有选择性、指向性和概念性（Glass，1978）。其目的是发现和建立各个概念范畴间的关系，分清哪些属于主要范畴，哪些属于次要范畴。如表3-3所示，将53个概念范畴进行筛选、合并、分类，得到6个次要范畴和3个主要范畴。其中：（1）a11 不固定期限、a12 非招标性价格协议、a13 采购保证、a14 付款保证、a19 附加奖励保证、a41 履行契约这些条目的关联性较强且频繁出现，命名为契约承诺；（2）a15 技术支持、a16 设备投资、a17 定期访问、a18 技术指导、a29 人员互换、a34 人员培训、a35 供应商参与运营、a43 资金支持的内涵相似，命名为制造商支持；（3）a21 排他性供应协议、a50 优先投入时间、a51 优先投入生产工具、a52 优先投入设备、a53 优先投入人力资源的内涵相似，命名为优先客户地位；（4）a23 改变产品特性、a46 改变人员配备、a45 改变库存管理方式、a24 调整物流系统、a22 改变生产工艺、a47 知识专用性投资这些条目的关联性较强且频繁出现，命名为关系专用性投资；（5）a25 人际关系、a26 共同经历、a27 合作范式、a28 行为模式、a30 共同制订运营计划、a32 共同价值观、a33 共享目标、a36 沟通、a37 信息共享、a38 调节冲突、a39 共同解决问题、a42 达成共识、a48 默契、a49 一致性想法这些条目的关联性较强且频繁出现，命名为规范共识；（6）a20 合作意愿、a31 信息分享意愿、a40 长期导向、a44 未来合作概率这些条目的关联性较强且频繁出现，命名为未来合作意愿。

表 3 - 3 主轴编码分析结果

主要范畴	次要范畴	概念编码
制造商关系行为	契约承诺	a11 不固定期限；a12 非招标性价格协议；a13 采购保证；a14 付款保证；a19 附加奖励保证；a41 履行契约
	制造商支持	a15 技术支持；a16 设备投资；a17 定期访问；a18 技术指导；a29 人员互换；a34 人员培训；a35 供应商参与运营；a43 资金支持
供应商关系行为	优先客户地位	a21 排他性供应协议；a50 优先投入时间；a52 优先投入设备；a51 优先投入生产工具；a53 优先投入人力资源
	关系专用性投资	a23 改变产品特性；a46 改变人员配备；a45 改变库存管理方式；a24 调整物流系统；a22 改变生产工艺；a47 知识专用性投资
双方合作关系规范	规范共识	a25 人际关系；a26 共同经历；a27 合作范式；a28 行为模式；a30 共同制订运营计划；a32 共同价值观；a33 共享目标；a36 沟通；a37 信息共享；a38 调节冲突；a39 共同解决问题；a42 达成共识；a48 默契；a49 一致性想法
	未来合作意愿	a20 合作意愿；a31 信息分享意愿；a40 长期导向；a44 未来合作概率

（三）选择性编码

开放式编码重点关注的是对现实存在现象的概念化分析，从而建立范畴及其属性。主轴编码则倾向于系统性的发展范畴，并挖掘范畴与次范畴之间的联系。只有将主要范畴整合形成一个具体理论构架时，研究的发现才能真正上升为理论（Strauss，1995；Strauss et al.，

2001）。接下来我们通过选择性编码对已经开发出的主要范畴进行整合，从而形成核心范畴。核心范畴反映了本书的主题，是对所有结果进行综合分析而得到的构念。它与其他范畴之间存在显著的意义关联，属于比较稳定的现象（陈向明，1999）。

　　选择撰写故事线的方法，即通过描述现象的"故事线"分析和挖掘核心范畴。具体包括以下步骤：（1）明确资料的故事主线，找出核心范畴；（2）对主、次要范畴及其属性和维度进行描述；（3）对核心范畴与主、次要范畴及概念编码间的关系进行详细、系统的分析，发现其内在关联性（陈向明，1999）。通过对开放式编码抽象出不固定期限、非招标性价格协议、采购保证、付款保证、附加奖励保证、履行契约、技术支持、设备投资、定期访问、技术指导、人员互换、人员培训、供应商参与运营、资金支持、排他性供应协议、优先投入时间、优先投入设备、优先投入生产工具、优先投入人力资源、改变产品特性、改变人员配备、改变库存管理方式、调整物流系统、改变生产工艺、知识专用性投资、人际关系、共同经历、合作范式、行为模式、共同制订运营计划、共同价值观、共享目标、沟通、信息共享、调节冲突、共同解决问题、达成共识、默契、一致性想法、合作意愿、信息分享意愿、长期导向、未来合作概率这53个范畴的继续剖析和对契约承诺、制造商支持、优先客户地位、关系专用性投资、规范共识、未来合作意愿这6个次要范畴，通过对这些次要范畴进行详细分析后，发现这6个次要范畴可以进一步归纳为3个主要范畴。具体而言：（1）契约承诺和制造商支持主要涉及在合作过程中制造商的行为，故命名为制造商关系行为；（2）优先客户地位和关系专用性投资主要涉及在合作过程中供应商的行为，故命名为供应商关系行为；（3）规范共识和未来合作意愿主要涉及在合作过程中双方的关系规范，故命名为双方合作关系规范。在深入分析并与原始资料比较互动的基础上，本书提炼出"制造商与供应商合作关系深化"这一核心范畴。围绕这一核心概念，故事线概括为：制造商与供应商合作关系深化由制造商关系行为、供应商关系行为和双方合作关系规范3个维度共同构成，其中制造商关系行为、供应商关系行为是制造商与供应商合作关系深化的基础，双方合作关系规范是合作关系深化的关键，这3个维度可以测度合作关系深化这一构念。

五 研究结果分析

通过对开放式编码、主轴编码以及选择性编码的资料分析，对概念编码、次要范畴、主要范畴以及核心范畴之间关系的不断对比，以及相应文献研究支持的比较（见表3-4），构建了制造商与供应商合作关系深化构念的维度（见图3-2）。

Gadde 和 Snehota（2000）指出，关系行为是指在合作关系建立的过程中，企业用于发展、维持或利用关系的行为和努力。他们认为关系行为具体可以分为3个组成部分：（1）活动性联结，即合作伙伴间有紧密的协调，如双方整合物流系统以降低运输成本；（2）资源性联结，即合作伙伴投入专用性资产以满足对方所需；（3）成员间互动，即合作伙伴间存在紧密的互动关系。这与本书研究发现完全一致，制造商关系行为（包括契约承诺和制造商支持）和供应商关系行为（包括优先客户地位和关系专用性投资），它们均反映了制造商和供应商为深化合作关系在活动性联结、资源性联结和成员间互动方面所做的努力。

双方合作关系规范是指导在合作过中企业进行交往和互动的行为准则，是合作双方享有的共同信念和期望，要求合作双方必须携手合作以实现共同的目标。有学者提出双方合作关系规范可以作为制造商与供应商合作关系的一种有效治理机制，并可能对合作关系深化产生相当大的影响（Baker et al.，1999）。Cannon 和 Perreault（1999）进一步指出，双方合作关系规范的衡量可以从5个方面进行：（1）合作双方都愿意做调整适应对方以谋求长期合作；（2）合作双方都认为必须共同努力才能成功；（3）合作双方都不介意在何时何地给对方提供帮助；（4）合作双方都关心对方的获利情况；（5）合作双方都不会利用权利和依赖威胁对方，这5个方面与本书研究结果规范共识和未来合作意愿也基本一致。

表 3 - 4　　　　概念与范畴之间的比较以及与相关文献比较

主要范畴	次要范畴	概念编码	相关文献的比较和验证
制造商关系行为	契约承诺	a11 不固定期限；a12 非招标性价格协议；a13 采购保证；a14 付款保证；a19 附加奖励保证；a41 履行契约	Dwyer 等（1987）；Spina 和 Zotteri（2000）；McCutcheon 和 Stuart（2000）；Cannon 等（1999）；Petroni 和 Panciroli（2002）；Wuyts 和 Geyskens（2005）；Goffin 等（2006）；Cai 等（2009）；Johnson 和 Sohi（2015）
	制造商支持	a15 技术支持；a16 设备投资；a17 定期访问；a18 技术指导；a29 人员互换；a34 人员培训；a35 供应商参与运营；a43 资金支持	Krause 和 Ellram（1997）；Ragatz 等（2002）；Fynes 和 Voss（2005）；Petersen 等（2005）；Goffin 等（2006）；Krause 等（2007）；Rogers 等（2007）；Johnsen（2009）；Ellis 等（2012）
供应商关系行为	优先客户地位	a21 排他性供应协议；a50 优先投入时间；a52 优先投入设备；a51 优先投入生产工具；a53 优先投入人力资源	Harris 等（2003）；Steinle 和 Schiele（2008）；Hald 等（2009）；Gianiodis 等（2010）；Baxter（2012）；Hüttinger 等（2012）；Schiele 等（2012）；Ellis 等（2012）；Mortensen（2012）
	关系专用性投资	a23 改变产品特性；a46 改变人员配备；a45 改变库存管理方式；a24 调整物流系统；a22 改变生产工艺；a47 知识专用性投资	Dyer 和 Hatch（2006）；Kim（2009）；Cannon 和 Homburg（2001）；Park 和 Hartley（2002）；Kang 等（2009）；Song 和 Di Benedetto（2008）；Song 等（2011）；Wagner 和 Bode（2014）
双方合作关系规范	规范共识	a25 人际关系；a26 共同经历；a27 合作范式；a28 行为模式；a30 共同制订运营计划；a32 共同价值观；a33 共享目标；a36 沟通；a37 信息共享；a38 调节冲突；a39 共同解决问题；a42 达成共识；a48 默契；a49 一致性想法	Mohr 和 Spekman（1994）；Hillebr 和 Biemans（2004）；Bercovitz 等（2006）；Duffy（2008）；Cai 和 Yang（2008）；Claycomb 和 Frankwick（2010）；Kim 等（2010）；李随成等（2013）；Lui 和 Ngo（2012）
	未来合作意愿	a20 合作意愿；a31 信息分享意愿；a40 长期导向；a44 未来合作概率	Jap(2001)；Cannon 等（1999）；Wagner 等（2011）；Visentin 和 Scarpi（1998）；Thomas 等（2013）

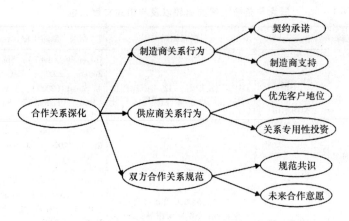

图 3 - 2　制造商与供应商合作关系深化的构成维度

第二节　合作关系深化的测度

一　合作关系深化测度的问卷设计

前期研究大多从制造商与供应商合作关系层面展开，有关合作关系深化的测度问题在现有研究中较少涉及。Dwyer 等（1987）认为契约承诺是存在于合作伙伴间的一种对合作关系是否持续的保证，如果合作一方对另一方做出契约承诺，则合作双方的合作期限是不固定的，价格也不是通过招投标方式确定，而更多采用非招标性价格协议。Spina 和 Zotteri（2000）提出契约承诺是合作双方为维持长期、稳定的合作关系所做出的努力，契约承诺对供应商而言意味着优先采购和保证付款的及时性，如果供应商履行契约的情况良好还会得到附加奖励保证。Krause 和 Ellram（1997）以及 Ragatz 等（2002）认为，制造商支持是供应商开发中最常见的一种方式，具体包括：制造商直接提供技术支持和技术指导、对供应商进行设备投资、定期访问供应商企业，并经常与供应商进行人员互换、如果需要就对供应商企业的相关技术人员进行培训、鼓励供应商参与制造商的运营过程以及直接对供应商进行资金支持等。优先客户地位是供应商对制造商与供应商合作关系满意后给予制造商的优先购买权，具体包括：与制造商签订排他性供应协议、优先考虑制造商的产品和生产需求，投入时间、设备、生产工具和人力资源等。Kim（2009）以及 Cannon 和 Homburg（2001）认为，关系专用性投资是供应商做出的专项投资旨在满足制造商的特定需求，具体包括人、财、物等方面的投入。Kim 等（2010）和李随成等（2013）指出，规范共识是合作双方在共同的交易经历中逐渐达成了一种合作范式，从而形成相对固定的行为模式。具体包括：双方能够调节冲突、共同解决问题、对合作持续性达成共识、在合作中默契从而形成一致性想法等。Jap（2001）和 Wagner 等（2011）认为未来合作意愿是合作双方达成长期导向后建立的一种对未来合作关系的远景。基于现有学者的研究成果，重点参考扎根理论访谈资料，提出了包括 28 个题项的制造商与供应商合作关系深化测度的初始量表。然后征求了陕西法士特齿轮有限公司的采购主管、比亚迪股份有限公司的采购主管、陕西重型汽车有限公司的采购主管以及西安航空发动机集团公司项目经理的意见，并结合 6 位供应链管理研究领域专家（主要是高校长期从事供应链管理方向研究的博士生导师）的建议，经过本书团队多次头脑风暴式的讨论，在删减、合并以及增加一些题项后，最终得到了包括 3 个维度，共 20 个题项的制造商与供应商合作关系深化测度的量表，如表 3-5 所示。

表 3-5　　　　　　　　合作关系深化初始测量量表

主维度	子维度	测量题项	文献基础
制造商关系行为	契约承诺	Q1 我们向供应商 A 保证双方签订的非招标性价格协议会得到有效执行 Q2 我们向供应商 A 保证如果供应商能够改进绩效，我们将提供附加奖励，如提高采购量、增加预付款比例等 Q3 我们向供应商 A 保证所有正式协议的内容将会不折不扣地执行到位	Dwyer 等（1987）；Spina 和 Zotteri（2000）；Goffin 等（2006）；Johnson 和 Sohi（2015）
	制造商支持	Q4 我们会定期访问供应商 A，并对供应商员工进行培训 Q5 我们会对供应商 A 提供技术支持和设备投资，在必要时会直接提供资金支持 Q6 我们会和供应商 A 互换人员，并邀请供应商参与企业运营流程	Krause 等（2007）；Ragatz 等（2002）；Fynes 和 Voss（2002）；Petersen 等（2005）；Ellis 等（2012）

续表

主维度	子维度	测量题项	文献基础
供应商关系行为	优先客户地位	Q7 相对于其他制造商，供应商 A 会优先满足我们的供货需求 Q8 相对于其他制造商，供应商 A 会优先考虑投入更多时间和人员来满足我们的需求 Q9 相对于其他制造商，供应商 A 会优先考虑投入更多生产工具和设备来满足我们的需求	Steinle 和 Schiele（2008）；Hüttinger 等（2012）；Schiele 等（2012）；Ellis 等（2012）；Mortensen（2012）
	关系专用性投资	Q10 供应商 A 为了我们改变了生产工艺和产品特性 Q11 供应商 A 为了我们改变了其物流系统 Q12 供应商 A 为了我们改变了库存管理方式 Q13 供应商 A 为了我们改变了其原有的人员配置 Q14 供应商 A 为我们做了大量的知识专用性投资	Kim （2009）；Song 等（2011）；Wagner 和 Bode（2014）
双方合作关系规范	规范共识	Q15 我们与供应商 A 享有共同的目标和价值观 Q16 我们与供应商 A 形成了固定行为模式和一定的默契，在共同解决问题和调节冲突时容易达成共识并趋于形成一致性想法 Q17 我们与供应商 A 会定期沟通和共享信息，能够共同制订运营计划	Mohr 和 Spekman（1994）；Hillebr 和 Biemans（1996）；Johnson （2005）
	未来合作意愿	Q18 我们与供应商 A 建立了长期合作的导向 Q19 在以后的合作中我们愿意与供应商 A 加大信息共享的力度 Q20 我们愿意与供应商 A 在以后更多、更重要的项目中进行合作	Jap（2001）；Cannon 等（2001）；Wagner 等（2011）

二 合作关系深化测度量表的检验

（一）预调研

在对制造商与供应商合作关系深化影响因素进行初始测量后，还需要进行题项的预测试，以探明初始测量量表的有效性。根据预测试的结果，对测量题项进行修正及删减，以产生正式问卷，预测试是后期大样本调查所获数据准确性的重要前提。尽量采用国际一流学术期刊上被广泛认可的成熟量表，以确保研究所用量表的信度和效度。同时，采用翻译和回译的方法以避免中、英文语言上的差异，形成构念初始量表。之后邀请 2 名供应链管理研究方向的教授、5 名管理科学与工程专业的博士研究生和 4 名硕士研究生，先后陕西法士特齿轮有限公司、西安西电电力电容器有限责任公司、东风汽车股份有限公司、比亚迪股份有限公司以及陕西重型汽车有限公司的采购经理和项目经理进行一个半小时左右的访谈，以修正和完善初始量表中意思模糊和存在歧义的题项，形成构念最终的测量量表。

（二）数据收集过程与回收

本书样本是国内的相关制造商。为了反映不同制造行业的共性，将不同行业类型的制造商作为调查对象进行数据收集，这有助于提高研究结论的适用性。调查对象及问卷填写人员主要包括企业高管、采购经理、项目经理、采购人员、供应商管理人员等。为了保证研究结论的普适性，本书选择不同性质的企业，包括国有控股、民营企业、中外合资、外商独资企业。其中所涉及的行业都与供应商保持了良好的合作关系，对制造商与供应商合作关系的实施经验丰富，具体包括交通运输设备制造、电气机械及器材制造、电子及通信设备制造和通用设备制造等行业。

调研从 2012 年 2 月至 6 月，历时 5 个月，课题组在陕西、四川、江苏、河南、湖南、安徽、辽宁、广东、吉林、山东、郑州、上海、浙江 13 省市 368 家典型制造商发放调研问卷，问卷发放主要通过电子邮件、邮寄和现场填写相结合的方式，共发放 368 份调查问卷，收回 321 份调查问卷，其中剔除无效样本 25 份，有效问卷回收 296 份，有效率为 80.43%。通过 SPSS 18.0 对有效问卷进行描述性统计分析，对样本的基本资料统计分析来描述样本的具体情况。

1. 受试者的基本情况

由表 3 - 6 可知，问卷填写者主要为企业高管（占 10.14%）、采购经理（占 28.04%）、项目经理（占 16.22%）、采购人员（占 22.30%）和供应商管理人员（占 23.30%）。而且在本次调查中受试者的工作年限分布如下：1—5 年占 17.91%；6—10 年占 31.08%；

11—15 年占 19.59%；16—20 年占 15.20%；20 年以上占 16.22%。受试者一般在本企业的工作年限大都在 5 年以上，其中，工作年限在 5 年以上的占到 82.09%，这其中工作年限在 6—10 年的占最大比例。再次，受试者受教育程度为大专（占 21.96%）、本科（占 36.49%）、研究生（占 41.55%），本科以上学历的员工占到 78.04%。这些描述性统计数据表明，受调查人员在企业的工作时间较长，熟悉本企业供应商关系管理的实际情况，对制造商与供应商的关系管理有着丰富的经验。由于长期与制造商（或供应商）打交道，对于关系深化的内涵有着较深的认知，符合研究需要。

表 3-6　　　　　问卷受试人员特征分布（$n = 296$）

项目	类别	样本数	构成比（%）
受教育程度	大专	65	21.96
	本科	108	36.49
	研究生	123	41.55
工作年限	5 年以下	53	17.91
	6—10 年	92	31.08
	11—15 年	58	19.59
	16—20 年	45	15.20
	20 年以上	48	16.22
工作职务	企业高管	30	10.14
	采购经理	83	28.04
	项目经理	48	16.22
	采购人员	66	22.30
	供应商管理人员	69	23.30

2．被调查企业的基本情况

由表 3-7 可知，受调查企业中，国有控股企业占 29.40%，外商独资企业占 20.94%，中外合资占 32.09%，民营企业占 17.57%。调查样本在制造行业中分布情况如下：通用设备制造占 21.96%；金属制品业 15.55%；通信设备制造业 19.59%；电气机械及器材制造占 11.15%；专用设备制造 8.78%；医药制造业 9.46%；交通运输设备制造业 13.51%。各制造行业类型所占比例相对均衡，基本能反映中国制造商的实际情况，符合本书需要。

总体而言，本次受调查企业和问卷填写者符合问卷填写要求，问卷调查样本结构相对理想，调研所获取数据能反映我国现阶段制造商与供应商合作关系深化的实际情况。

表 3 - 7 　　　　　问卷受试人员所在企业特征分布（$n = 296$）

项目	类别	样本数	构成比（%）
企业性质	国有控股	87	29.40
	外商独资	62	20.94
	中外合资	95	32.09
	民营企业	52	17.57
行业类型	通用设备制造业	65	21.96
	金属制品业	46	15.55
	通信设备制造业	58	19.59
	电气机械及器材制造业	33	11.15
	专用设备制造业	26	8.78
	医药制造业	28	9.46
	交通运输设备制造业	40	13.51

（三）探索性因子分析

对回收的 296 份有效问卷进行分组，每一组为 148 份，分别用作探索性因子分析和验证性因子分析。首先，对 148 份样本数据进行取样适当性数值 KMO 的计算以及 Bartlett 球形度检验，以判断调研量表题项是否适合进行因子分析。表 3 - 8 是 KMO 检验和 Bartlett 球形检验结果。由表中结果可知，正式量表的 KMO 值为 0.832，说明样本的充足度比较高。Bartlett 球形检验的 χ^2 值为 1947.648，相伴概率 P =

0.0000，远远小于 0.05 的临界值，表明量表的各题项之间存在相关性，适合做因子分析。

表 3 - 8　　　　　　KMO 检验和 Bartlett 球形检验 （$N = 148$）

Kaiser - Meyer - Olkin 度量		0.832
Bartlett 球度检验	近似卡方值	1947.648
	df	190
	Sig.	0.000

其次，进行探索性因子分析，步骤如下：采用主成分分析法提取公共因子，选择特征值大于 1 的公共因子，运用方差极大值法进行因子旋转，删减自成一体的因子、在两个及两个以上因子载荷均小于 0.5 或者均大于 0.5 但是因子涵盖题项数小于 3 的题项。共进行两次因子分析，第一次因子分析共提取 6 个公共因子，累计解释变异量 78.193%。运用方差极大法进行因子旋转后，共删除 6 个题项，分别为制造商支持维度下的题项 Q6、优先客户地位维度下的题项 Q8、关系专用性投资维度下的题项 Q12 和 Q13、规范共识维度下的题项 Q17 以及未来合作意愿维度下的题项 Q19，这些题项分别存在最大载荷没有与其他题项的最大载荷在同一个因子中，或者是因子载荷较为平均且小于 0.5 的现象，因此将这 6 个题项予以删除。

在删除这 6 个题项后，量表 KMO 值为 0.839，Bartlett 球形检验 χ^2 值为 1966.33，相伴概率 P = 0.0000，远远小于 0.05 的临界值，表明剩余题项仍然适合进行因子分析。第二次因子分析在采用方差极大值法进行因子旋转后，各题项在所属因子上的载荷量和共同度的数值均达到要求，可以进行因子分析。表 3 - 9 和表 3 - 10 是原始量表信效度检验结果和修正后量表信效度检验结果，从表中的数据可知，原始量表存在被删除 6 个题项的校正项总计相关性的平方值小于 0.35 的情况，其余题项删除任何一个都会降低量表的一致性指数。修正后量表的项总计相关性值均大于 0.5, Cronbach's a 也大于 0.5, 说明该测量量表的信度较好。

表 3-9　　　　　　　　　原始量表信度检验结果

主维度	子维度	题项	校正的项总计相关性	项已删除的Cronbach's Alpha 值	Cronbach's Alpha
制造商关系行为	契约承诺	Q1	0.567	0.759	0.781
		Q2	0.600	0.723	
		Q3	0.693	0.617	
	制造商支持	Q4	0.510	0.439	0.635
		Q5	0.514	0.440	
		Q6	0.322	0.396	
供应商关系行为	优先客户地位	Q7	0.597	0.299	0.630
		Q8	0.221	0.800	
		Q9	0.543	0.372	
	关系专用性投资	Q10	0.575	0.601	0.702
		Q11	0.623	0.580	
		Q12	0.221	0.749	
		Q13	0.249	0.731	
		Q14	0.680	0.557	
双方合作关系规范	规范共识	Q15	0.630	0.589	0.745
		Q16	0.613	0.609	
		Q17	0.477	0.762	
	未来合作意愿	Q18	0.620	0.493	0.708
		Q19	0.350	0.813	
		Q20	0.634	0.476	

表 3 – 10 修正后量表信度检验结果

主维度	子维度	题项	校正的项总计相关性	项已删除的Cronbach's Alpha 值	Cronbach's Alpha
制造商关系行为	契约承诺	Q1	0.567	0.759	0.781
		Q2	0.600	0.723	
		Q3	0.693	0.617	
	制造商支持	Q4	0.535	—	0.696
		Q5	0.535	—	
供应商关系行为	优先客户地位	Q7	0.668	—	0.800
		Q9	0.668	—	
	关系专用性投资	Q10	0.674	0.815	0.843
		Q11	0.728	0.762	
		Q12	0.724	0.767	
双方合作关系规范	规范共识	Q15	0.615	—	0.762
		Q16	0.615	—	
	未来合作意愿	Q18	0.684	—	0.813
		Q20	0.684	—	

（四）验证性因子分析

用另一组的 148 份有效问卷进行验证性因子分析，以检验探索性因子分析得出的合作关系深化构念 6 个维度的稳定性，运用 AMOS1 8.0 软件，对第二个样本组（$N = 148$）进行一阶验证性因子分析。验证性因子分析模型如图 3 – 3 所示，模型拟合分析结果如表 3 – 11 和表 3 – 12 所示。由表 3 – 12 可知，CMIN/DF = 1.939 < 3。其他模型适配度指标方面，GFI 和 AGFI 值通常被视为绝对适配指标。如表 3 – 12 所示，GFI = 0.925 > 0.9，AGFI = 0.893，虽然小于 0.9，但还是在可接受的范围内，表明模型达到可以适配的标准。NFI、IFI、NNFI 和 CFI 是基准线比较适配统计量。NFI = 0.929 > 0.9，IFI =

0.965 > 0.9，NNFI = 0.956 > 0.9，CFI = 0.964 > 0.9，均符合模型适配标准，表明假设理论模型和观察数据的整体适配度良好。一般而言，RMSEA 值越小，表示模型的适配度越好。RMSEA = 0.053，小于 0.08，可以被接受，表明模型适配度良好。因此，探索性因子分析得出的合作关系深化 6 个维度的稳定性良好，测量量表具有较好的效度。

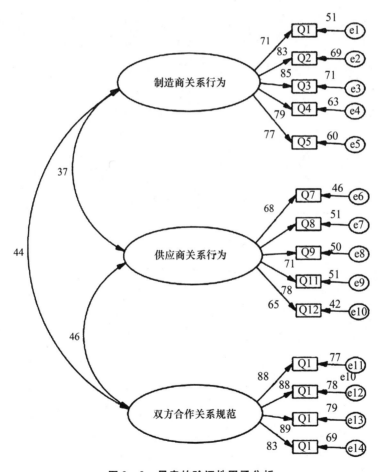

图 3 - 3　量表的验证性因子分析

表 3 - 11 合作关系深化测量量表的描述性统计分析结果

题项	极小值	极大值	均值	标准差	偏度	峰度
Q1	1.00	5.00	2.5405	1.29604	0.291	-1.051
Q2	1.00	5.00	2.3514	1.20937	0.421	-0.907
Q3	1.00	5.00	2.3345	1.31728	0.556	-0.935
Q4	1.00	5.00	2.5473	1.26402	0.283	-0.961
Q5	1.00	5.00	2.3784	1.18697	0.347	-1.035
Q7	1.00	5.00	2.5270	1.11657	0.174	-0.787
Q9	1.00	5.00	2.2905	1.19464	0.456	-0.847
Q10	1.00	5.00	2.3108	1.24248	0.471	-0.876
Q11	1.00	5.00	2.0236	1.22797	0.740	-0.862
Q14	1.00	5.00	2.1622	1.18209	0.711	-0.480
Q15	1.00	5.00	2.6047	1.30547	0.238	-1.068
Q16	1.00	5.00	2.5743	1.33831	0.190	-1.248
Q18	1.00	5.00	2.4764	1.26737	0.255	-1.197
Q20	1.00	5.00	2.6622	1.24902	0.178	-0.983

表 3 - 12 模型拟合分析结果

拟合指标	理想数值区间	指标值	拟合情况
CMIN/DF	1 ~ 3	1.939	很好
GFI	>0.8	>0.925	可以被接受
AGFI	>0.8	0.893	可以被接受
CFI	>0.9	0.964	很好
NNFI	>0.9	0.956	很好
NFI	>0.9	0.929	很好
IFI	>0.9	0.965	很好
RMSEA	<0.08	0.053	很好

综上，我们在进行了探索性因子分析和验证性因子分析后，最终

得到包括6个结构维度，涵盖14个题项的合作关系深化构念的测量量表，如表3-13所示。

表3-13 **合作关系深化的最终测量量表**

主维度	子维度	测量题项
制造商关系行为	契约承诺	Q1 我们向供应商A保证双方签订的非招标性价格协议会得到有效执行 Q2 我们向供应商A保证如果供应商能够改进绩效，我们将提供附加奖励，如提高采购量、增加预付款比例等 Q3 我们向供应商A保证所有正式协议的内容将会不折不扣地执行到位
	制造商支持	Q4 我们会定期访问供应商A和互派工程师到对方工厂，并对供应商A的员工进行培训 Q5 我们会对供应商A提供技术支持和设备投资，在必要时会直接提供资金支持 Q6 我们会邀请供应商A参与企业运营流程
供应商关系行为	优先客户地位	Q7 相对于其他制造商，供应商A会优先满足我们的供货需求 Q8 相对于其他制造商，供应商A会优先考虑投入更多时间和人员来满足我们的需求 Q9 相对于其他制造商，供应商A会优先考虑投入更多生产工具和设备来满足我们的需求
	关系专用性投资	Q10 供应商A为了我们改变了生产工艺和产品特性 Q11 供应商A为了我们改变了其物流系统 Q12 供应商A为了我们改变了库存管理方式 Q13 供应商A为了我们改变了其原有的人员配置 Q14 供应商A为我们做了大量的知识专用性投资
双方合作关系规范	规范共识	Q15 我们与供应商A享有共同的目标和价值观 Q16 我们与供应商A形成了固定行为模式和一定的默契，在共同解决问题和调节冲突时容易达成共识并趋于形成一致性想法 Q17 我们与供应商A会定期沟通和共享信息，能够共同制订运营计划
	未来合作意愿	Q18 我们与供应商A建立了长期合作的导向，这会增加双方在以后合作中的可能性 Q19 在以后的合作中我们愿意与供应商A加大信息共享的力度 Q20 我们愿意与供应商A在以后更多、更重要的项目中进行合作

第三节　本章小结

本章是本书的理论基础研究部分，主要是对制造商与供应商合作关系深化构念的结构维度进行探索性研究。首先，基于扎根理论的研究方法，用开放式深度访谈和焦点团队访谈收集原始资料，对这些资料进行开放式编码、主轴编码和选择性编码，最终得到制造商与供应商合作关系深化的3个维度：制造商关系行为、供应商关系行为和双方合作关系规范，以及契约承诺、制造商支持、优先客户地位、关系专用性投资、规范共识、未来合作意愿6个子维度。其次，通过分析已有研究成果，并结合企业访谈，编制包括20个题项的初始问卷。通过预测试，确定正式问卷。最后，通过大样本调查获取数据，运用探索性因子分析法提取公共因子，得到包括14个题项的合作关系深化测量量表，通过验证性因子法检验因子结构的稳定性，并对量表的信度和效度进行检验。

第四章 制造商与供应商合作关系深化影响因素的探索性研究

　　学者认为，对于影响因素的探索一般由6个步骤组成：回顾文献；专家和企业访谈；明确影响因素范围；初步形成影响因素的各个测量题项；收集资料；影响因素的命名。参照上述方法，采用以下步骤确定制造商与供应商合作关系深化的影响因素：第一步，对已有研究进行分析，掌握学者在考察合作关系深化外在表现时所选用的视角以及得出的主要结论；第二步，选取典型企业，进行深入访谈，对已有研究成果进行验证和补充；第三步，基于文献和访谈，构建合作关系深化影响因素的各个测量题项，收集小样本数据进行预测试，确定正式测量题项；第四步，收集数据，通过探索性因子分析法提取公共因子，确定影响因素的维度，并运用验证性因子分析法检验各因子结构的稳定性；第五步，检验所得影响因素的信度和效度；第六步，根据所含题项的信息，对公共因子进行命名，并对研究结果进行讨论。

第一节　文献研究

　　文献研究主要指搜集、鉴别、整理现有文献，以系统而客观的视角对现有文献研究形成对事实科学认识的方法。文献资料主要来源有：国内外主流期刊本书、硕博学位本书、图书和会议本书等。其过程一般包括6个基本环节，即确定问题—提出假设—前期准备—收集资料—分析资料—归纳资料。首先，通过明确研究的问题界定研究范围，并广泛阅读、精读和全面梳理相关文献；其次，对广泛阅读的文献进行归纳和整理，将不符合研究主题的文献进行删除；最后，对归纳和整理后的文献进行精读，借鉴已有研究的成果，以为后续的研究工作做好充分的准备。

收集目前国内外关于制造商与供应商合作关系影响因素的相关学术研究成果，经过文献分析，归纳出制造商与供应商合作关系的影响因素。国外文献以 Wiley 数据库、Elsevier Science 数据库和 EBSCO 数据库为代表进行文献搜索。检索方法按照关键词、摘要和篇名进行检索。检索的结果发现，Jap（2001）最先研究了制造商与供应商合作关系深化的影响因素问题，他认为现有研究大都关注制造商与供应商如何最大化关系租金，而对制造商与供应商如何产生最大化关系租金的关注远远不够。Jap（2001）提出一个分析框架解释了制造商与供应商关系租金的产生过程。他指出关系情境是关系租金产生的重要影响因素并检验了分享原则的调节效应。Jap（2001）认为关系情境分为资源特性，包括异质性、可分割性和不对称性，以及组织特性，包括合作一方能观察到另一方行动的能力、对关系转变过程的理解和对结果的公正评价。关系租金包括以前合作结果的公平性、对以前合作关系的满意程度以及双方对未来合作关系深化的意愿。Jap（2001）认为未来合作关系深化意愿是指在未来更重要的合作中，合作一方给另一方参与的程度和机会，对未来合作关系深化的意愿和长期合作伙伴关系的建立密切相关，因为如果合作一方不能感知到从未来合作中获取更大的收益，就有可能结束这种合作关系。研究结果表明，资源不对称性对制造商与供应商合作关系深化意愿有显著的负向影响，平等的分享原则正向调节这种关系；资源可分割性对制造商与供应商合作关系深化意愿影响不显著，分享原则对这种关系的调节效应也不显著；资源异质性对制造商与供应商合作关系深化意愿影响不显著，分享原则对这种关系的调节效应也不显著。制造商对供应商行动能力的感知与合作关系深化意愿有显著的正相关关系，平等的分享原则正向调节这种关系；制造商和供应商对关系转变过程的理解与合作关系深化意愿有显著的负相关关系，平等的分享原则正向调节这种关系；制造商和供应商对结果公正性评价与合作关系深化意愿有显著的正相关关系，公平的分享原则正向调节这种关系。从 Jap（2001）的研究可以看出，制造商与供应商合作关系深化意愿的影响因素主要从合作双方拥有资源特性和组织特性的视角展开，并检验了分享原则的调节效应。

基于 Jap（2001）的研究，Wagner 等（2010）基于公平理论，以价值创造与价值分配为核心变量分析制造商与供应商间持续外包合作关系如何影响合作关系深化。Wagner 等（2010）认为价值创造与价值分配是一个硬币的两面。价值创造是通过交易伙伴的协作努力创造的总净价值（即总产出减去总输入）。价值分配是合作企业实际得到的净价值。价值创造是一种双赢的结果，而价值分配意味着合作一方得到更大的价值则会减少其他合作伙伴的所得价值。Wagner 等（2010）将供应商项目（包括价值创造、价值分配和项目满意度）嵌入制造商与供应商持续的项目合作关系中，实证检验了关系信任和关系满意如何通过供应商项目影响合作关系深化。结果表明，供应商项目中价值创造对价值分配有正向影响；价值创造和价值分配部分中介了制造商与供应商关系信任和合作关系深化之间的关系；关系满意正向影响制造商与供应商关系信任；价值创造和价值分配完全中介了制造商与供应商关系满意和合作关系深化之间的关系，也就是说，制造商与供应商关系满意通过影响关系分配，进而影响项目满意度，最终影响制造商与供应商的合作关系深化。信息交换正向调节价值创造和项目满意度间的关系。从 Wagner 等（2010）的研究可以看出，持续的合作关系是制造商与供应商合作关系深化的重要影响因素，用嵌入性理论可以有效解释制造商与供应商合作关系深化问题，这为本书提供了有益的研究视角。

之后，Wagner 等（2011）基于关系理论、信号理论和社会交换理论，依次用 3 个结构方程模型实证检验在项目合作中供应商声誉、结果公平性、信任、关系持续性对制造商与供应商合作关系深化的影响。Wagner 等（2011）首先建立第一个概念模型，提出在第一次项目合作开始阶段，供应商声誉是一个能影响制造商对关系持续性预期和合作关系深化的重要信号。因为供应商声誉暗示其在产品质量和绩效等方面的信息（Azadegan，2011），选择和评价供应商时考虑其声誉因素可以减少制造商和供应商合作关系中的不确定性。模型一的研究结果显示，在项目合作开始阶段，制造商对供应商声誉与关系持续性预期和双方合作关系深化显著正相关。关系持续性预期与合作关系深化有显著正相关关系。其次，Wagner 等（2011）建立第二个概念模型，在模型一的基础上，加入结果公平性作为中介变量，结果发现结果公平性部分中介供应商声誉与关系持续性预期之间以及供应商声誉与合作关系深化之间的正相关关系；关系持续性预期与合作关系深化显著正相关。最后，Wagner 等（2011）建立第三个概念模型，在模型二的基础上，加入信任作为中介变量，结果发现信任完全中介供应商声誉与关系持续性预期、结果公平性和合作关系深化三者之间的正相关关系；关系持续性预期与合作关系深化显著正相关。从 Wagner 等（2011）的研究可以发现，作者认为制造商与供应商间合作关系的形成是动态发展的，前期合作并不意味着合作双方就能建立起长期合作的伙伴关系，双方合作关系只有顺利过渡到深化阶段，才能确保长期合作伙伴关系的建立。Visentin 和 Scarpi（2012）基于社会交换理论实证研究制造商与供应商间前期关系满意、信任、认同、情感性承诺和认知性承诺这些社会因素对合作关系深化的影响。Visentin 和 Scarpi（2012）提出情感性承诺是合作关系深化的决定性中介变量，信任、关系满意和认同这些社会因素都通过情感性承诺影响合作双方关系深化。在双方关系深化的动态发展过程中，认知性承诺与关系满意正相关，情感性承诺与信任、认同显著正相关，认知性承诺与情感性承诺显著正相关。供应商规模、关系长度以及供应商提供产品重要性对这些影响关系有明显的调节作用。

综上所述，制造商与供应商之间的合作是一个动态演进过程，合作关系深化作为纽带，在合作关系前期积累和战略合作伙伴关系间具有重要作用。但是前期相关研究较为分散，尚没有形成一个较为系统和全面的框架揭示什么是制造商与供应商合作关系深化的影响因素，因此难以为企业具体合作关系的实践提供有益的理论指导。

第二节　企业访谈

由于制造商与供应商合作关系深化影响因素表现出多维性、表现形式的多样性，并且学术界目前并没有合作关系深化影响因素的测量量表，尤其是没有以我国企业实际情况为背景的量表。因此，这项工作极具挑战性。首先，根据文献研究的结果设计好了访谈提纲（见附录一），但提纲中所列各因素大都是来源于欧美学者的研究成果，反映了发达国家制造企业与供应商合作关系深化的实践。与发达国家相比，发展中国家在经济体制、社会文化，以及企业面临的外部环境等方面存在较大差异，因此，已有研究成果不一定适用于发展中国家。而且现有文献由于各自研究情境不同，所得结论也不一致，结论间不具有可比性。因而从现有文献研究中获得的因素并不能够真实反映我国制造商与供应商合作关系深化的影响因素，有必要深入我国企业进行实地考察，以期发现能够客观地反映我国情境下制造商与供应商合作关系深化的关键影响因素，在此基础上开发能够符合我国制造企业实际的测量量表，以提高量表的内容效度。

先后赴陕西重汽集团有限公司、陕西法士特齿轮有限公司、陕西鼓风机（集团）有限公司、中钢集团西安重机有限公司、东风汽车股份有限公司、中芯国际集成电路制造有限公司和中兴通讯股份有限公司，与这些企业的运营经理、项目经理与采购经理进行深入开放式访谈。选择进行调研企业需满足以下两点：第一，调研企业必须在过去三年里与同一个供应商有过几次合作；第二，与该供应商还没有建立明确的长期合作伙伴关系。为了确保访谈对象对企业情况的准确把握以及对合作关系深化概念的精准理解，要求所有访谈者均年龄在 30～45 岁之间，工作年限至少 7 年，并且受过大学本科以上教育。

首先向访谈者说明本书的出发点，以及国外学者关于合作关系深化的内涵，在企业合作实践中可能的表现行为，并对访谈提纲中的各个因素进行详细的说明和解释，最后请他们结合本企业的实际情况，描述对合作关系深化内容及其影响因素的认识。采用"饱和性"原则，由课题组决定是否终止访谈。"饱和性"原则是指在访谈中如果没有出现新的访谈内容就停止。

访谈过程中，东风汽车股份有限公司的采购经理肯定了制造商与供应商合作关系深化关系的存在，但是在称谓方面的理解有误，企业一直混淆了合作关系深化与合作伙伴关系的概念。同时指出企业早期与供应商的合作只是基于价格、质量、交付及服务等方面选择供应商，供应商的作用仅限于能够提供原材料、零部件以及机器设备等生产要素。但是，随着时间的推移，企业会选择固定的供应商并给予他们优先供货的权利，并最终发展到诸如开发新产品的过程中，让供应商在新产品开发早期阶段参与，通过共同组建新产品开发团队，形成专用性的专门知识和技术，共同设计新产品开发方案，共同解决新产品开发中的难题，达到提高新产品开发绩效的目的。陕西重汽集团有限公司的采购经理和项目经理认为供应商能力至关重要，这是双方后期能否建立合作关系的重要保证。企业前期会选择一些声誉好、能力强的供应商作为长期合作的对象。如果在合作过程中考评供应商的绩效良好，企业就会加大与该供应商的合作力度和深度，包括给供应商更大的供应权以及在关键项目中让供应商参与等，并最终形成长期的合作伙伴。经过沟通，陕西重汽集团有限公司的采购经理和项目经理意识到他们所说的这个合作关系的"过渡期"就是制造商与供应商的合作关系深化。陕西鼓风机集团的采购经理和项目经理均认同与供应商建立合作关系的重要性，并指出在与供应商建立了合作关系后，建立维持这种关系的机制也十分重要。因为在与供应商的长期交往中会产生各种各样的冲突，正确处理好这些冲突，才有助于长期合作关系的维持，使得合作双方充分整合资源达到价值增值的目的。他们肯定了与供应商建立长期合作伙伴关系过程中，制造商与供应商合作关系深化关系的存在，而且也认为这是制造商与供应商建立长期稳定合作关系的过渡阶段。中兴通讯股份有限公司的采购经理强调本企业在与固定的供应商合作一段时间后，会考虑与该供应商的"关系升级"，即让供应商参与更大或更重要的项目，赋予供应商更大的权利，同时让供应商承担更大的责任。在此过程中，供应商会自觉调整产品运输方式、交货流程以适应企业的需要，保持双方运营活动协调一致。供应商还会允许参与企业中短期生产能力计划的制订等，这些行为都增加了供应商对企业自身的信任。

通过与这些典型制造商的深度访谈发现，国外学者所提及的制造商与供应商合作关系深化在我国制造业企业中存在。但在由于合作关系深化具有不同的表现形式，侧重点也不同。

第三节　测量题项的提出

为了评价预测试测量量表的内容效度，选择供应链管理研究方向的 6 名博士研究生、3 名硕士研究生和企业采购部经理、项目经理和生产运营经理以及 5 位供应链管理研究领域专家（供应链管理方向博士生导师及企业资深供应链管理者）作为访谈对象。根据他们的反馈信息，对预测试测量量表的题项进行修改和完善，主要修改表述模糊的或能够引起歧义的题项。通过此步骤，本书认为修改和完善后的量表所列题项能够准确反映制造商与供应商合作关系深化影响因素，因此能够保证量表的内容效度。

结合文献研究、企业开放式深度访谈以及专家访谈的结果，整理、归纳能够客观反映制造商与供应商合作关系深化影响因素的测量题项，正式测量量表由 23 个题项组成，表 4 - 1。正式调查问卷包括两部分：第一部分是关于被调查者的基本信息，包括学历、工作年限、工作职务、企业性质、行业类型以及所在地等内容。第二部分是制造商与供应商合作关系深化影响因素的正式测量量表。量表采用李克特 7 点计分法测量。题项计分 1 代表调查对象对该题项所述内容表示完全不同意，题项计分 7 代表调查对象对该题项所述内容完全同意。

得到基于我国研究情境的制造商与供应商合作关系深化影响因素初始测量量表，测量题项如表 4 - 1 所示。

表4-1　制造商与供应商合作关系深化影响因素的初始测量题项

题项编号	题项内容
Q1	供应商 A 有着与我们相似的企业文化
Q2	供应商 A 一直经营稳定，财务状况良好
Q3	在合作过程中，供应商 A 一直坚持公平交易的原则
Q4	在合作过程中，供应商 A 经常为我们着想
Q5	在合作过程中，供应商 A 一直奉行诚实守信的原则
Q6	在合作过程中，供应商 A 一直是值得信赖的
Q7	供应商 A 在业界享有较高的社会地位
Q8	供应商 A 在合作中贡献不同的资源，这种资源帮助我们获得更好的合作绩效
Q9	供应商 A 与我们各自强项的互补性会提高合作绩效
Q10	供应商 A 拥有不同的能力，运用在合作中能够提高我们的合作绩效
Q11	供应商 A 拥有不同的能力对提升双方合作绩效必不可少
Q12	供应商 A 的能力与我们协同使得双方相关联的任务之间在时间和空间上都衔接得很好
Q13	供应商 A 会调整生产能力以满足我们的要求
Q14	供应商 A 会调整生产技术以满足我们的要求
Q15	供应商 A 使用新的生产工具以满足我们的要求
Q16	供应商 A 严格按照我们规定的交货期交货
Q17	供应商 A 会调整技术标准和规范以满足我们的要求
Q18	供应商 A 会调整产品特性以满足我们的要求
Q19	供应商 A 能始终如一地提供高质量产品
Q20	在以往合作中，供应商 A 能够提供有吸引力的产品和服务
Q21	在以往合作中，供应商 A 为了完成合作目标尽心尽力
Q22	在以往合作中，我们与供应商 A 的高层建立了良好的私人关系
Q23	我们认为和供应商 A 的以往合作结果是满意的

第四节　数据收集

一　样本对象和调研对象

为了反映不同制造行业的共性，本书将不同行业类型的制造商作为调查对象，进行数据收集，这有助于提高研究结论的适用性。参照国家行业分类标准，本书将制造业中有色金属冶炼及压延加工业、塑料制品业、金属制品业、通用设备制造业、专用设备制造业、交通运输设备制造业、电气机械及器材制造业、通信设备制造业、计算机及其他电子设备制造业，医药制造业、仪器仪表及文化、办公用机械制造业及其他制造业等作为调查对象，考察制造商与供应商合作关系深化的影响因素，为后续研究奠定基础。

随着我国制造企业所处外部环境发生巨大变化，基于内部资源管理视角形成的竞争模式已经不能满足其成长的需要，必须与外部供应商深化合作关系以弥补这种模式的不足。与供应商深化合作可以实现制造商减少库存、降低成本以及缩短新产品开发周期等战略目标。无形中我国大多数制造商都采取了合作关系的方式以实现对稀缺资源的获取。因此，制造商适合作为本书的调研对象。再者，由于本书研究制造商与供应商间的二元合作关系，制造商通常是通过外购增强与其供应商的合作，因此，主要调研对象是制造商的采购部门管理人员和高层人员，他们对企业供应链及供应商活动比较了解。此外，由于制造商与供应商的合作形式主要采用项目合作的形式，因此项目经理也是本书的调研对象。

二　数据收集过程与回收

数据收集与回收工作于2012年9月开始，11月结束。为了尽可能涵盖上述的制造商类型，我们首先登录中国黄页网、中国企业家协会等网站，整理出国内制造企业名录。接着通过朋友、同学、亲戚、学生等私人关系与这些企业的采购经理、项目经理和高层管理人员取得联系，在征得他们同意的前提下，请求他们组织部门人员进行问卷填写，并委托其负责回收问卷。问卷发放形式采用纸质问卷发放、电子邮件和实地调研。

选择 8 个省市（陕西、四川、江苏、河南、辽宁、山东、上海、浙江）的制造类企业发放 300 份问卷，收回 247 份，回收率为 82.3%，剔除数据缺失和回答明显不认真的不合格问卷 36 份，最终回收的有效问卷共 211 份，占总回收问卷的 70.3%。调研样本背景资料的分布情况如表 4-2 所示。

表 4-2　　　　　　　　样本背景资料的分布情况

项目	类别	样本数	构成比（%）
受教育程度	大专	32	15.30
	本科	127	60.40
	研究生	52	24.30
工作年限	5 年以下	39	18.64
	6—10 年	67	32.08
	11—15 年	71	33.69
	20—25 年	19	9.14
	25 年以上	15	6.45
工作职务	企业高管	38	18.28
	采购经理	36	17.20
	项目经理	48	22.94
	采购人员	49	23.66
	供应商管理人员	40	17.92
企业性质	国有控股	107	50.72
	外商独资	39	18.64
	中外合资	42	20.07
	民营企业	23	10.57

续表

项目	类别	样本数	构成比（%）
行业类型	通用设备制造业	36	17.06
	金属制品业	28	13.44
	通信设备制造业	35	16.67
	电气机械及器材制造业	32	15.41
	专用设备制造业	29	14.16
	医药制造业	26	12.72
	交通运输设备制造业	25	12.19

　　调研样本的受教育程度方面，本科和研究生共占了84.70%，说明绝大部分调研对象受过良好的教育，保证了调研数据的质量。调研样本的工作年限方面，在本企业工作时间超过5年的人员共占了81.36%，因此他们对本企业的实际了解较为全面，能够保证准确填答问卷。调研样本的工作职务方面，企业高管、采购经理、项目经理、采购人员和供应商管理人员，分别占比18.28%、17.20%、22.94%、23.66%和17.92%，满足二元关系研究的要求。调研样本的企业性质方面，国有控股、外商独资、中外合资和民营企业分别占比50.72%、18.64%、20.07%和10.57%，从4种性质企业收集的问卷能够反映不同性质企业的实际情况。调研样本的行业类型方面，通用设备制造业、金属制品业、通信设备制造业、电气机械及器材制造业、专用设备制造业、医药制造业和交通运输设备制造业各占比17.06%、13.44%、16.67%、15.41%、14.16%、12.72%和12.19%，涵盖多个制造商类型，从各类制造商收集数据数量较为均衡，这有助于反映多个制造商的情况，拓宽研究结果的适用性。

第五节　统计分析

　　运用统计方法，探索制造商与供应商合作关系深化的影响因素，力求构建一套信度和效度良好的影响因素测量量表。采用SPSS 18.0

统计软件进行探索性因子分析，探索制造商与供应商合作关系深化的影响因素，并检验量表的信度及效度。根据所含题项的内容，对公共因子进行命名，对研究结果进行讨论。

一 探索性因子分析

首先，进行项目分析。将调研问卷数据分为高、低两个组，以独立样本 T 检验两组数据在每个题项上的差异，将 T 检验结果未达到显著性的题项（$\alpha > 0.05$）删除。经检验，所有题项均达显著性标准（$\alpha < 0.05$），表明本书调研问卷的所有题项均能鉴别受试者的反应程度。

其次，对样本数据进行取样适当性数值 KMO 计算以及 Bartlett 球形检验，以判断调研量表题项是否适合进行因子分析。正式量表的 KMO 值为 0.917，说明样本的充足度比较高。Bartlett 球形检验的 χ^2 值为 3548.836，相伴概率 P = 0.0000，远远小于 0.05 的临界值，表明量表的各题项之间存在相关性，适合做因子分析（见表 4 - 3）。

表 4 - 3　　　　　KMO 检验和 Bartlett 球形检验 （$N = 211$）

Kaiser - Meyer - Olkin 度量		0.917
Bartlett 球度检验	近似卡方验检	3548.836
	df	253
	Sig.	0.000

进行探索性因子分析的步骤如下：采用主成分分析法提取公共因子，选择特征值大于 1 的公共因子，运用方差极大值法进行因子旋转，删减自成一体的因子、在两个及两个以上因子的载荷均小于 0.5 或者均大于 0.5 但是因子涵盖题项数小于 3 的题项。共进行两次因子分析。如表 4 - 4 所示，第一次因子分析共提取 5 个公共因子，累计解释变异量为 73.938%。运用方差极大法进行因子旋转后，共删除 4

个题项，分别为 Q4、Q6、Q11 和 Q16。具体理由如下：如表 4 - 5 所示，Q4 和 Q6 的因子载荷均小于 0.5，Q11 和 Q16 组成一个因子，虽然因子载荷均大于 0.5，但是该因子涵盖的题项数小于 3。在删除这 4 个题项后，量表 KMO 值为 0.916，Bartlett 球形检验 χ^2 值为 3284.797，相伴概率 P = 0.0000，远远小于 0.05 的临界值，表明剩余题项仍然适合做因子分析。第二次因子分析的结果发现有 4 个特征值大于 1 的公共因子，如表 4 - 6、表 4 - 7 所示，运用方差极大值法进行因子旋转后，各题项在所属因子上的载荷量和共同度的数值均达到要求。4 个因子的方差贡献率均大于 1%，累计方差贡献率为 78.514%，能解释原有变量的大部分结构，反映了原变量大部分信息。

表 4 - 4　　　　　　　　删除题项前量表整体解释的变异数

因子	初始特征值			平方和负荷量抽取			转轴平方和负荷量		
	特征值	方差贡献率（%）	累计方差贡献率（%）	特征值	方差贡献率（%）	累计方差贡献率（%）	特征值	方差贡献率（%）	累计方差贡献率（%）
1	8.750	38.043	38.043	8.750	38.043	38.043	5.273	22.926	22.926
2	3.838	16.686	54.729	3.838	16.686	54.729	4.017	17.467	40.393
3	2.054	8.931	63.660	2.054	8.931	63.660	3.196	13.894	54.287
4	1.317	5.726	69.386	1.317	5.726	69.386	3.077	13.377	67.665
5	1.047	4.552	73.938	1.047	4.552	73.938	1.443	6.274	73.938

表 4 - 5　　　　　　第一次因子分析转轴后的因子矩阵

题项	因子 1	因子 2	因子 3	因子 4	因子 5
Q14	0.839	0.051	0.186	0.201	- 0.109
Q13	0.833	- 0.007	0.125	0.236	0.023

题项	因子 1	因子 2	因子 3	因子 4	因子 5
Q17	0.833	0.060	0.189	0.231	− 0.083
Q15	0.820	0.017	0.136	0.253	− 0.052
Q18	0.807	0.120	0.136	0.198	− 0.034
Q19	0.801	0.062	0.098	0.305	0.016
Q4	0.489	0.031	0.298	0.042	0.457
Q6	0.432	0.196	0.163	0.192	0.303
Q2	0.045	0.890	0.073	0.091	− 0.044
Q1	0.013	0.887	0.121	0.080	0.046
Q3	0.108	0.879	0.075	0.017	0.072
Q5	0.050	0.850	0.096	0.051	0.111
Q7	0.072	0.801	0.208	0.038	0.170
Q10	0.145	0.134	0.861	0.183	0.067
Q8	0.226	0.191	0.830	0.115	0.153
Q9	0.217	0.157	0.820	0.236	0.002
Q12	0.197	0.127	0.755	0.192	0.237
Q21	0.325	0.076	0.186	0.830	0.050
Q23	0.319	0.066	0.220	0.801	0.001
Q22	0.442	0.064	0.164	0.774	0.098
Q20	0.372	0.111	0.246	0.774	0.105
Q11	− 0.263	− 0.002	0.092	0.043	0.786
Q16	0.038	0.340	0.142	0.065	0.586

注：提取方法：主成分。旋转法：具有 Kaiser 标准化的正交旋转法。a. 旋转在 6 次迭代后收敛。

表4 - 6　　　　　　删除题项后量表整体解释的变异数

因子	初始特征值			平方和负荷量抽取			转轴平方和负荷量		
	特征值	方差贡献率（%）	累计方差贡献率（%）	特征值	方差贡献率（%）	累计方差贡献率（%）	特征值	方差贡献率（%）	累计方差贡献率（%）
1	8.117	42.720	42.720	8.117	42.720	42.720	4.771	25.108	25.108
2	3.649	19.204	61.924	3.649	19.204	61.924	3.899	20.522	45.631
3	1.887	9.932	71.856	1.887	9.932	71.856	3.172	16.693	62.324
4	1.265	6.658	78.514	1.265	6.658	78.514	3.076	16.190	78.514

表4 - 7　　　　　　转轴后的因子矩阵与各量表信度系数

题项	公共因子				共同度	Cronbach's α	
	因子1	因子2	因子3	因子4		分量表	量表整体
Q14	0.854	0.052	0.177	0.198	0.774	0.893	0.812
Q17	0.838	0.062	0.184	0.234	0.812		
Q13	0.831	0.002	0.143	0.239	0.669		
Q15	0.827	0.017	0.141	0.253	0.578		
Q18	0.817	0.116	0.150	0.191	0.608		
Q19	0.803	0.061	0.122	0.301	0.705		
Q1	0.008	0.888	0.126	0.078	0.689	0.879	
Q3	0.105	0.888	0.082	0.019	0.663		
Q2	0.042	0.884	0.062	0.090	0.838		
Q5	0.035	0.861	0.107	0.062	0.953	0.868	
Q7	0.057	0.807	0.239	0.044	0.716		
Q10	0.139	0.129	0.864	0.176	0.805		
Q8	0.210	0.198	0.843	0.122	0.093		

续表

题项	公共因子				共同度	Cronbach's α	
	因子1	因子2	因子3	因子4		分量表	量表整体
Q9	0.214	0.148	0.810	0.227	0.827		
Q12	0.166	0.134	0.795	0.202	0.685		
Q21	0.313	0.079	0.192	0.838	0.862	0.845	
Q23	0.313	0.066	0.220	0.800	0.797		0.812
Q20	0.349	0.115	0.264	0.786	0.945		
Q22	0.427	0.070	0.181	0.784	0.798	0.829	

从碎石图（见图4-1）也可以看出，曲线的转折点出现在第5个因素处，因此保留4个因素较为合适，累计解释变异量为78.514%，说明调研问卷的结构效度较好。由此可以得出这4个因素是影响制造商与供应商合作关系深化的主要因素。

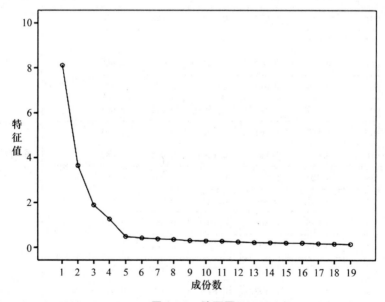

图4-1 碎石图

二　信度与效度检验

1. 信度检验

采用内部一致性方法检验量表的信度，统计结果如表 4 - 7 所示。由表 4 - 7 可知，删除题项后，量表整体的 Cronbach's α 系数为 0.812，大于 0.7 的临界值，说明量表整体的可靠性和稳定性较好。4 个分量表的 Cronbach's α 系数均超过分别为 0.893、0.879、0.868、0.845 和 0.829，也大于 0.7 的临界值，说明 4 个分量表也具有较高的信度。

2. 效度检验

效度检验包括内容效度检验和结构效度检验。在此，检验量表整体及各因子组成题项的内容效度和结构效度。

（1）内容效度检验

内容效度方面，在开发量表时，充分借鉴了国外知名学士期刊发表的研究成果，并与制造商采购经理、项目经理、副总和采购人员进行了深入访谈。设计完成初始问卷后，邀请相关供应企业人员进行问卷的预测试，并征求了供应链管理研究领域专家的意见，在对问卷进行合理修正后，最终确定用于正式调研的问卷。因此，量表所列题项具有很好的针对性和代表性，最后确定的 19 个题项能够有效反映制造商与供应商合作关系深化影响因素的内容。可以认为，开发的量表以及各因子的组成题项具有较高的内容效度。

（2）结构效度检验

结构效度检验包括收敛效度检验和区别效度检验，检验结果如表 4 - 8 所示。收敛效度方面，根据验证性因子分析结果检验各个因子的平均萃取方差（AVE）是否大于 0.5。从验证性因子分析结果可知，4 个公共因子的 AVE 值均大于 0.5，说明量表具有良好的收敛效度。在区分效度检测方面，采用如下方法：判断每个构念（因子）AVE 的开方值是否比该构念与其他所有构念（因子）的相关系数都大，如果都大则其满足区别效度。表 4 - 8 中对角线上的黑体数值就是各个因子的 AVE 的开方值，比所在行和列的所有相关性系数的值都大，说明量表的区别效度良好。

表4-8 量表结构效度检验

	因子1	因子2	因子3	因子4
因子1	0.887			
因子2	0.338	0.912		
因子3	0.327	0.201	0.926	
因子4	0.462	0.306	0.469	0.865

注：对角线上的黑体数字代表各因子 AVE 值的算术平方根，对角线以下的数字代表各因子间的相关系数。

三 公共因子命名

根据所含题项的信息，对公共因子进行命名（见表4-9）。

因子1：包括"供应商 A 有着与我们相似的企业文化（Q1）"、"供应商 A 一直经营稳定，财务状况良好（Q2）"、"在合作过程中，供应商 A 一直坚持公平交易的原则（Q3）"、"在合作过程中，供应商 A 一直奉行诚实守信的原则（Q5）"、"供应商 A 在业界享有较高的社会地位（Q7）"这5个题项。这5个题项反映制造商对供应商的一种总体评价，代表制造商对供应商自身水平的认同，故将因子1命名为制造商对供应商认同（以下简称"对供应商认同"）。

因子2：包括"供应商 A 在合作中贡献不同的资源，这种资源互补性帮助我们得到更好的合作绩效（Q8）"、"供应商 A 与我们各自强项的互补性提高合作绩效（Q9）"、"供应商 A 有不同的能力，当双方将这些不同的能力运用在合作中，我们能得到更好的合作绩效（Q10）"、"供应商 A 与我们的协同能力使得双方相关联的任务之间在实践和空间上都衔接得很好（Q12）"这4个题项。这4个题项反映供应商具备的是制造商正常运营所必需的能力，故将因子2命名为供应商互补性能力。

因子3：包括"供应商 A 会调整生产能力以满足制造商的要求

（Q13）"、"供应商 A 会调整生产技术以满足制造商的要求（Q14）"、
"供应商 A 使用新的生产工具以满足制造商的要求（Q15）"、"供应
商 A 会调整技术标准和规范以满足制造商的要求（Q17）"、"供应商
A 会调整产品特性以满足制造商的要求（Q18）"、"供应商 A 能始终
如一地提供高质量产品（Q19）"这 6 个题项。这 6 个题项反映在合
作中，供应商为了合作关系深化顺利进行而做出适应性调整，旨在更
好地提高制造商运营活动的效率和效果，故将因子 3 命名为供应商合
作力度。

因子 4：包括"在以往合作中，供应商 A 能够提供有吸引力的产
品和服务（Q20）"、"在以往合作中，供应商 A 为了完成合作目标尽
心尽力（Q21）"、"在以往合作中，我们与供应商 A 的高层建立了良
好的私人关系（Q22）"、"我们认为和供应商 A 的以往合作结果是满
意的（Q23）"这 4 个题项。这 4 个题项反映制造商对供应商的一种
总体印象，代表制造商对以往合作的满意性评价，故将因子 4 命名为
制造商对以往合作满意（以下简称"对以往合作满意"）。

表 4-9　制造商与供应商合作关系深化影响因素的探索性因子分析结果

序号	因子命名	涵盖的题项
1	对供应商认同	Q7 供应商 A 在业界享有较高的社会地位
		Q5 在合作过程中，供应商 A 一直奉行诚实守信的原则
		Q3 在合作过程中，供应商 A 一直坚持公平交易的原则
		Q2 供应商 A 一直经营稳定，财务状况良好
		Q1 供应商 A 有着与我们相似的企业文化
2	供应商互补性能力	Q12 供应商 A 与我们的协同能力使得双方相关联的任务之间在实践和空间上都衔接得很好
		Q10 供应商 A 有不同的能力，当双方将这些不同的能力运用在合作中，我们能得到更好的合作绩效
		Q9 供应商 A 与我们各自强项的互补性提高合作绩效
		Q8 供应商 A 在合作中贡献不同的资源，这种资源互补性帮助我们得到更好的合作绩效

序号	因子命名	涵盖的题项
3	供应商合作力度	Q19 供应商 A 能始终如一地提供高质量产品
		Q18 供应商 A 会调整产品特性以满足制造商的要求
		Q17 供应商 A 会调整技术标准和规范以满足制造商的要求
		Q15 供应商 A 使用新的生产工具以满足制造商的要求
		Q14 供应商 A 会调整生产技术以满足制造商的要求
		Q13 供应商 A 会调整生产能力以满足制造商的要求
4	对以往合作满意	Q23 我们认为和供应商 A 的以往合作结果是满意的
		Q22 在以往合作中，我们与供应商 A 的高层建立了良好的私人关系
		Q21 在以往合作中，供应商 A 为了完成合作目标尽心尽力
		Q20 在以往合作中，供应商 A 能够提供有吸引力的产品和服务

四 结果讨论

通过文献研究以及企业访谈收集题项，构建制造商与供应商合作关系深化影响因素的初始测量量表。收集小样本数据进行预测试，确定制造商与供应商合作关系深化影响因素的正式测量量表。通过大样本调查收集数据，运用探索性因子分析法提取公共因子，初步确定制造商与供应商合作关系深化影响因素，并运用验证性因子分析法验证因子结构的稳定性，检验量表的信度和效度，对公共因子命名，并对研究结果进行讨论。研究表明，制造商与供应商合作关系深化的 4 个影响因素分别是：对供应商认同、供应商互补性能力、供应商合作力度和对以往合作满意。

第六节　本章小结

本章是本书的基础研究部分，旨在探讨制造商与供应商合作关系深化的影响因素，构建一套信度和效度良好的合作关系深化影响因素的测量量表。通过分析已有研究成果，并结合企业访谈，编制初始问卷。通过预测试，确定正式问卷。通过大样本调查获取数据，运用探索性因子分析法提取公共因子，得出合作关系深化的影响因素，通过验证性因子法检验因子结构的稳定性，并对量表的信度和效度进行检验。结果表明，合作关系深化的 4 个影响因素，即对供应商认同、供应商互补性能力、供应商合作力度和对以往合作满意，因子结构是稳固的，量表具有良好的信度和效度。

第五章 模型构建与研究假设

第一节 制造商与供应商合作关系
深化机理理论分析

长期以来，战略管理领域的研究大都运用资源基础理论和交易成本理论来研究和解释企业间合作关系的行为和绩效，但是制造商与供应商合作关系的建立是一个动态演进过程，随着每一次交易关系的发生，合作双方均试图通过建立制度化的程序以发展长期合作的可能性（Fawcett et al.，2015）。资源基础和交易成本理论由于只关注对企业内部资源和能力的研究，因此有一定局限性。随着供应网络理论的出现，为分析制造商与供应商间二元关系提供了新的研究视角，重新指导学者们在嵌入式环境中思考制造商与供应商间的合作关系是如何发生的。由于制造商和供应商间的合作关系不是孤立存在的，而是嵌入在一个更广泛的关系网络中，因此从网络嵌入视角重新理解企业间和企业内部不同战略业务单位的行为迫在眉睫。

战略管理学者将嵌入性理论广泛引入经济组织的研究中，用于解释组织战略的制定、组织行为和组织绩效。网络嵌入理论的相关研究解释了企业如何通过其外部网络获取互补性资源来提高企业绩效（Zhou et al.，2008；李柏洲和周森，2012；李瑶等，2011）。通过检验企业外部网络嵌入关系，可以探析企业关系行为和合作绩效产生的深层原因（Vinhas et al.，2012；De Clercq et al.，2015）。网络嵌入属性代表了企业在网络中的地位和位置以及该企业与网络中其他企业间的交互关系和程度，因此网络嵌入水平决定了企业在网络中能整合和配置资源的数量和质量，进而对企业在网络中的行为决策产生影响。由此网络嵌入理论也成为研究企业间合作关系的重要理论基础之一（Hagedoorn and Frankort，2008；Roy and Zakon，2016；Fawcett et al.，2015）。

关系嵌入性是网络嵌入理论中的核心观点之一，该观点认为企业间通过在社会化关系中交换资源，在此过程中对合作双方行为结果产生共同认识和理解，进而形成更加紧密的合作关系。本书选择关系嵌入视角解释制造商与供应商合作关系深化机理的理由如下：第一，制造商与供应商关系嵌入的形成和发展不是一蹴而就的，而是从最初简单的交易关系逐步演化到合作关系，这个过程不能简单地用存在几种状态来静态描述，而是应该从发展和动态的视角进行研究（Yan et al.，2015）。第二，关系嵌入认为企业的网络成员可以嵌入其所处的社会关系网络中，通过成员间相互联结和彼此互动来获取信息收益，其强调企业间二元交易关系在企业分享信息和知识方面的重要作用。Zhou 等（2008）认为企业间关系嵌入是在一定背景下，合作一方和另一方有较长时间的交易历史，彼此间有了更深入的了解，合作双方能够适应彼此的关系行为并习惯于交换各自市场信息。因此，关系嵌入是企业基于现有的或者过去的合作连接，可以激励企业在未来继续形成更紧密、更深入的合作关系。由此可见，关系嵌入非常合适用来衡量企业与其重要外部客户和供应商进行商业活动的契合程度。第三，前期研究中有许多学者将关系嵌入作为重要中介变量以解释制造商与供应商各种关系行为的发生和演进。Hagedoom（2006）在分析嵌入对制造商与供应商合作伙伴关系影响时，提出从多层次嵌入视角进行跨层次分析合作伙伴关系形成的理论模型。Hagedoom（2006）认为环境嵌入、组织间嵌入和关系嵌入会影响合作伙伴关系的形成，但这种单向关系与两两交互以及三者交互的关系相比，其影响效应最小。Billitteri 等（2013）认为关系嵌入的重要性已经在社会网络、战略联盟和合作伙伴关系的研究领域得到很好的体现，并吸引了学术界的广泛重视。Billitteri 等（2013）在分析供应商开发对其获得优先客户地位、供应商适应和供应商关系嵌入的影响时指出，供应商关系嵌入是在制造商与供应商合作关系中，供应商对制造商的互惠和亲近的程度，将供应商关系嵌入作为中介变量解释了供应商开发对供应商获得优先客户地位的影响，并实证检验供应商关系嵌入的完全中介效应。姚山季和王永贵（2011）在分析顾客参与新产品开发对其绩效的影响时提出，顾客参与对新产品开发绩效的重要性虽然已经得到学术界和实践界的广泛认同，但是目前还鲜有文献对其关系的发生机制进行系统研究。姚山季和王永贵（2011）将关系嵌入作为中介变量研究了顾客参与新产品开发对制造企业绩效的影响机理，并验证了关系嵌入的中介效应。Dhanaraj（2004）从关系嵌入视角研究了跨国公司绩效的提升机理，结果表明企业绩效水平的提升是通过母公司与子公司之间关系嵌入影响其隐性知识和显性知识的转移来实现的。Bonner 和 Walker（2004）发现，在顾客参与制造企业新产品开发的活动中，顾客异质性知识和与制造企业的关系嵌入促进它们之间的信息交流与共享，从而有助于提高新产品开发绩效等。综上，这些文献均从关系嵌入视角揭示企业间合作关系行为的发生，从而为从关系嵌入视角探析制造商与供应商合作关系的深化机理提供有益的研究视角和理论支撑。

基于以上讨论，提出制造商与供应商合作关系深化影响因素对合作关系深化的第一条影响路径，如图 5 - 1 所示。

图 5 - 1　制造商与供应商合作关系深化机理的路径一

制造商与供应商合作是一个过程，在此过程中具有不同兴趣和相互依存资源的企业互动以寻求解决问题的办法。由于受到自身资源禀赋的限制，制造商需要依赖供应商资源，如技术创新能力、制造能力、工程技术人才和资金支持等，以提高其合作关系绩效（Azadegan et al.，2008；Handfield et al.，1999；Parker et al.，2008）。供应商也需要依靠制造商的市场知识、产品结构信息、项目管理能力和装配协调技能等（Hong and Hartley，2009；Hong et al.，2009；Joshi and Sharma，2004）。为了更好地管理这些有相互依存关系的资源，制造商可以与供应商确定合作关系以获取和利用这些关键资源（Salancik and Pfeffer，1978）。因此企业能够通过建立合作关系解决资源约束问题。在合作中，制造商与供应商通过互动行为促进共同任务的完成、协调双方相互依存活动和共创知识，这些互动行为包括双向的沟通、适应变化、响应需求以及共同配置双方的共有资源。这些相互类型的质量决定了合作双方是否可以协同开发资源，如设备、设施、技术诀窍、人力资源和金融资产，以便共同完成任务。

以往研究强调制造商与供应商间有效互动在合作关系深化中的重要性（Hartley et al.，1997；Van Echtelt et al.，2007）。由于制造商与供应商间密集性互动并不总是有效的，研究者们检验了双方互动质量的影响因素，如及时和准确的双向沟通、相互支持氛围以及决策参与性（Wagner and Hoegl，2006）。尽管制造商与供应商互动质量和影响因素得到学术界的广泛重视，但是仅仅依靠互动质量的理论框架并不能完全解释合作关系深化行为，制造商与供应商互动不一定都会导致良好合作关系结果，因此学者们提出合作质量的构念以弥补单纯用互动质量解释制造商与供应商合作关系深化的局限性。合作质量源自Hoegl 和 Gemuenden（2001）提出的团队质量的概念，用来衡量在团队合作中成员间的互动水平。Yan 和 Dooley（2014）用合作质量解释在新产品开发中制造商和供应商合作关系深化的相关问题。Yan 和 Dooley（2014）提出合作质量是在合作过程中，通过制造商与供应商的互动，双方能在多大程度上协同利用共享资源，同时最大限度地减少浪费以达成共同合作目标的过程。在此基础上，界定合作质量的 5 个维度：沟通质量、相互支持、充分的努力、相互协调和知识/技能的贡献。Yan 和 Dooley（2014）用资源依赖理论提出制造商与供应商合作质量的影响因素，并探讨合作质量如何影响新产品开发项目绩效。借助实证研究的方法，利用来自 214 家制造企业实证调查数据验证了合作质量因子结构的稳定性，并验证合作质量对其影响因素和新产品开发项目绩效之间的完全中介效应。此外，

Heimeriks 和 Schreiner（2002）在战略联盟研究情境中界定合作质量，验证了合作质量是联盟能力与联盟绩效间的重要中介变量，并对联盟绩效有显著的正向影响。Hoegl 和 Wagner（2005）用合作程度度量制造商新产品开发项目中供应商的参与问题。研究发现，在控制沟通强度和频率的曲线影响效应后，合作质量对合作程度和新产品开发项目绩效之间的关系具有完全中介的影响效应。综上，这些文献都从合作质量视角揭示企业间合作关系行为的发生，从而为从合作质量视角探析制造商与供应商合作关系的深化机理提供有益的研究视角和理论支撑。

基于以上讨论，提出制造商与供应商合作关系深化影响因素对合作关系深化的第二条影响路径，如图 5 - 2 所示。

图 5 - 2　制造商与供应商合作关系深化机理的路径二

第二节　制造商与供应商合作关系深化
机理的理论模型构建

合作关系深化可以促进制造商与供应商间相互学习、共担风险、获得互补性资产、进入新市场和获得新技术、缩短新产品开发周期及提高企业创新能力等，是制造商与供应商合作关系升级的结果。合作关系深化是制造商与供应商在未来最大限度收获关系价值的重要保证，也是双方合作关系持续和长期合作的前提条件。

基于上一节分析可知，制造商与供应商合作关系深化的影响因素主要是关系嵌入和合作质量。合作关系深化的影响因素主要有制造商对供应商认同、供应商互补性能力、供应商合作力度以及制造商对以往合作满意 4 个方面。

制造商对供应商认同是制造商对供应商过去、现在和未来活动的评价和预期的自我理解。供应商对制造商认同不仅作用于双方建立合作关系的那个时点，而且会作用于合作关系深化和战略合作伙伴关系建立的全过程。对供应商认同能用来帮助完成制造商与供应商间复杂的工作联系，并在此基础上形成一种可持续的、相互支持和嵌入的合作关系。此外，只有对供应商认同，制造商才会觉得供应商具有吸引力，从而继续与供应商合作。双方会配合对方要求来调整资源，基于双方良好的互动合作双方关系进展更为顺利、合作质量更高。

供应商互补性能力为制造商与供应商合作关系的深化提供了便利条件，奠定了合作基础，提供了合作保障。通过深化合作关系，制造商能够开展仅靠自身资源无法开展的业务，最大限度从"关系租金"中受益，有助于制造商做出关系性承诺，形成关系嵌入性。供应商互补性能力的强弱意味着其能在多大程度上带来差异性资源以达到双方关系价值增值的目的。在制造商与供应商合作关系深化过程中，双方能力禀赋是否具有互补性起到至关重要的作用。制造商和供应商之间能力禀赋高度互补使得双方合作开展更顺利，提高合作质量。

供应商合作力度发生在特定制造商与供应商二元关系中，由供应商做出旨在满足制造商的各种投入。供应商合作力度代表了供应商对合作关系的承诺，表明供应商愿意做各种努力以营造相互信赖的氛围，以期与制造商建立长期紧密的合作关系。因此供应商合作力度越大，与制造商关系嵌入程度越深，双方的合作质量越好。制造商与供应商合作关系的演化与对合作关系的评价紧密相关，正是合作伙伴依据合作关系的评价结果对自身关系行为进行调整才促使了合作关系的不断演化。关系嵌入注重合作双方之间的互动和评价过程，合作伙伴间形成紧密联结以共享更多的知识资源，通过强有力的社会化关系影响参与者的经济行为。当参与者感觉到关系的公平性，就会投入更多资源强化与合作伙伴间的关系嵌入水平，提高双方的合作质量。

制造商对以往合作满意是制造商对已经发生的各种合作经历或体验的感知程度。制造商对以往合作满意可以影响制造商的心理和关系预期，从而影响制造商的关系行为。制造商对以往合作经历的满意程度有助于对供应商能力和信用等形成一个更准确的认识，并建立与该供应商互动的惯例，随着双方互动性水平提高，关系嵌入程度也不断增强。同时，当制造商发现在过去较长的一段时间内与供应商合作经历是令人满意的，能够加强对供应商的信任感，减少关系不确定性，双方合作质量得以提升。

关系嵌入注重伙伴间由于重复合作而形成的紧密联结关系，这种紧密的联结关系能够为双方沟通和交流提供一个平台，让伙伴间相互学习，充分了解伙伴能力并评判是否值得与该伙伴建立更深层次的合作关系。因此制造商与供应商关系嵌入水平越高，制造商与供应商进一步合作的可能性越大。合作质量意味着合作双方建立了互动惯例。通过日常化的互动，制造商与供应商不断接触，持续分享各自拥有的各种信息和知识资源，建立制造商与供应商的相互信任，共同解决合作中双方面临的问题，及时处理双方的纷争和冲突，加强合作双方对未来关系的合作意愿。

综上所述，制造商和供应商合作关系深化的影响因素有 4 个，这 4 个方面从多视角解释合作关系深化的原因。合作关系深化是这 4 个方面影响因素通过关系嵌入和合作质量相互作用的结果。根据以上理论分析构建合作关系深化形成机理的概念模型，如图 5 - 3 所示。

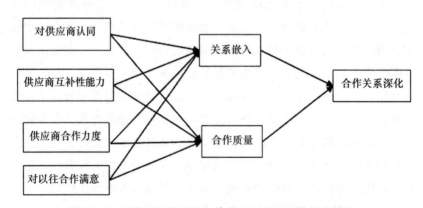

图 5 - 3　制造商与供应商合作关系深化机理的概念模型

第三节　研究假设的提出

一　影响因素对关系嵌入的影响

（一）制造商对供应商认同对关系嵌入的影响

制造商对供应商认同是制造商对供应商公平、诚实和是否关心本企业的认知程度，它是与其他供应商横向或纵向相比获得的一种总体性感知，是对供应商过去行为和结果的一种综合认知和评价（Caruana and Ewing，2010）。对供应商认同能够产生一种排序效应，即该供应商是行业中的优等生，这在评估供应商时是一个非常重要的指标。反之，不认同供应商往往和合作关系价值负相关（Keh and Xie，2009）。对供应商认同作为一种可识别和可信任的信息来源，暗示着供应商声誉和社会地位等方面的重要信息，意味着制造商不用耗费太多资源进行关系防范，节省由于监督供应商机会主义行为而占用的资源和由此产生的交易成本。对供应商认同带来的社会影响力和独特性是其区别于其他供应商的最好指标。

对供应商认同是制造商基于供应商过去、现在和未来活动的评价和预期的自我理解（Keh and Xie，2009）。制造商对供应商认同是供应商的优质资产，意味着该供应商是可信、可靠、诚实和有善意的。在合作关系中，这种印象可以显著降低制造商与供应商间的互动障碍，创造一种可信赖的氛围，增加制造商对采购产品和服务决策的信心。Rindova 等（2005）的研究结果显示，对供应商认同是建立在制造商直接经验以及对供应商行为感知的基础上，对供应商认同会直接促使制造商关系嵌入行为的产生，而且这种影响效应是自我强化的。Suh 和 Houston（2010）发现对供应商认同会正向影响制造商关系嵌入水平。因此，制造商采购行为在很大程度上受到制造商对供应商认同的影响，并最终转化为对供应商的正面心理预期。同时，制造商认为供应商会提供符合自身预期的服务并履行相应职责，因此愿意与供应商进行高水平的互动，从而提高双方关系嵌入的水平。

根据以上分析，提出假设：

H1：制造商对供应商认同对关系嵌入具有正向影响。

（二）供应商互补性能力对关系嵌入的影响

随着制造商所处外部环境的竞争加剧以及产品复杂性、集成性程度的不断增加，单一企业很难拥有在所有竞争领域都保持竞争优势的资源和能力，供应商互补性能力作为重要的外部资源日益受到重视（裴旭东等，2015）。供应商互补性能力是指在满足自身运作和提供相关产品与服务以实现制造商价值增值的过程中供应商所拥有的、不易被竞争对手模仿且被制造商认为是有价值的各种技能和知识资源，它是对供应商能否在最低成本情况下能够提供有竞争优势客户服务的一种相对性评估（李随成和禹文钢，2011）。供应商互补性能力不仅是其竞争优势的外在表现，还是供应商绩效的重要保证因素，同时也是为制造商企业带来价值增值的关键前提条件。

供应商具备的这些互补性能力为制造商与供应商合作关系深化提供便利条件，奠定基础，提供保障（Bouncken et al.，2016）。比如供应商具备的渐进性技术创新能力能够建立和加强制造商现有知识的应用性，制造商加强与供应商的互动能够获取其知识，丰富制造商现有知识库，完善和改进其现有产品和服务的质量（Zhou and Wu，2010）。然而供应商具备的这种互补性能力必须应用到制造商新产品开发过程中，通过制造商与供应商之间的充分互动，双方分享最新的技术信息，供应商能够提供专用技术知识、技能等稀缺性资源，与制造商一起设计新产品开发方案，并按照制造商要求研发零部件和半成品（付启敏和刘伟，2011）。因此，供应商互补性能力可以增加制造商与供应商间的关系互动，双方持续性的互动能够提高制造商与供应商关系嵌入性水平。

根据以上分析，提出假设：

H2：供应商互补性能力对关系嵌入具有正向影响。

（三）供应商合作力度对关系嵌入的影响

制造商不仅希望供应商能够提供有效开展运营活动所需的资源，还需要供应商在一定程度上参与制造商运营战略的制定和实施（Sjoerdsma and van Weele，2015）。然而，在双方合作关系的早期，由于对关系不确定性的预期，供应商对制造商的合作力度投入水平很低，通常不愿意进行高水平的专用性投资，而只是为了与制造商维持重复性交易关系，而满足制造商在产品方面的特定需求。其原因在于在合作关系的早期阶段，合作双方不能分享信息，双方对彼此了解不充分，由于担心对方采取机会主义行为，供应商只是与制造商维持简单的交易关系，这种交易关系具有较高的不确定性，随时都有结束的可能性。

供应商合作力度是供应商投入资源旨在满足制造商需求的行为，它是制造商获取供应商资源的重要方式，也是制造商提高运营绩效、获取竞争优势的重要途径（Knoppen et al.，2010）。供应商合作力度体现了其需要改变资源配置方式，为制造商做出适应性变化的意愿。为此，供应商需要进行各种类型的投资，这些投资包括实物投资和人力投资等。这些投资通常具有很强的专用性，是为了服务于特定制造商而做出的。供应商所做的这些专用性投资有很高的风险性，因为一旦与制造商业务关系终结，这些专用性投资就会变成沉没成本（刘婷和刘益，2012）。由于这些投资的专用性特征，使得其转换成本很高，能够服务于其他制造商的可能性很小。因此较高水平的供应商合作力度只存在于制造商与供应商业务关系的延续和提升阶段，即合作深化阶段。此时双方关系的不确定性水平逐渐降低，双方认识和了解逐步加深，相互信任程度逐步提高，供应商有意愿在更广范围内、更大程度上满足制造商的需求，供应商合作力度逐渐加大，双方的运营模式更好地得到匹配（Chang et al.，2012）。因此，供应商合作力度会促使制造商建立对供应商的信任，加强信息和资源共享的互动，通过较高的关系嵌入水平促进合作关系价值创造的最大化。

根据以上分析，提出假设：

H3：供应商合作力度对关系嵌入具有正向影响。

（四）制造商对以往合作满意对关系嵌入的影响

以往合作满意作为一种无形资产，是供应商所具有的能够吸引、发展和维持与制造商建立合作关系的综合能力。制造商对以往合作满意不仅在一定程度上能够缓解由于供应商不确定性给制造商造成的焦虑感，而且能帮助制造商克服对供应商模糊性的认知，增强双方关系的未来可预见性以及解释双方未来关系行为。

制造商对以往合作满意有助于其对供应商生产、产品交付、售后服务等综合能力形成正面评价。比如制造商对以往合作满意使得制造商即便偶然发现对供应商不利的信息，也会有较强的承受力和处理能力，能够基于双方以往合作经历做出冷静判断，而不会轻易影响和改变其采购决策（俞荣建和文凯，2011）。对以往合作满意还会直接导致制造商进行重复采购和交叉采购，并升级现有采购关系以及进行口碑传播和其他社会行为，最终与供应商建立战略采购关系。

此外，对以往合作满意能促使制造商进行关系专用性投入，包括关系信任、尊重、关系满意、共同解决问题以及共享信息等。有学者指出对以往合作满意说明制造商相信供应商有能力提供特别服务、专业化建议以及出色的产品质量。因此对以往合作满意可以影响制造商心理和关系预期，从而影响制造商关系行为（Brandon et al.，2015）。对以往合作满意是制造商对供应商的正面评价，它不仅作用于双方重复交易发生之后，而且会作用于合作关系深化以及长期合作伙伴建立的全过程（李随成等，2014）。对以往合作满意还有助于制造商与供应商间完成复杂的工作联系，并在此基础上形成一种可持续的、相互支持和嵌入性的合作关系。因此，以往合作满意使得制造商与供应商打交道时，对供应商更有信心、更有信赖感，会感觉关系专用性投资面临着机会主义行为的风险较小，而与他们建立良好的关系性联结。

根据以上分析，提出假设：

H4：制造商对以往合作满意对关系嵌入具有正向影响。

二　影响因素对合作质量的影响

（一）制造商对供应商认同对合作质量的影响

制造商对供应商认同是供应商在经营过程中长期积累的社会性资产，其晕轮效应使得制造商能够产生对供应商正面的前瞻性预期。信号理论认为，对供应商认同是一种公平和诚实的信号，这种信号会从正面或负面影响制造商合作关系深化的决策。制造商对供应商认同度高本身就向其传达了供应商所提供产品和服务的高质量、较低的交易风险等市场信号。

对供应商认同评价意味着供应商在双方合作关系中的表现会始终如一，因此制造商愿意与其发生重复交易并趋于长期合作。Wagner等（2011）提出在制造商与供应商合作关系深化过程中，对供应商认同是一个能影响制造商对关系持续性预期和合作关系深化的重要因素。对供应商认同是随着时间的推移，制造商对供应商做出的全面评价，这种评价是建立在制造商自己的直接经验、供应商行为及与其他供应商对比的信息汇总基础上，因此可以减少制造商和供应商合作关系深化中的不确定性。在企业间合作关系的研究领域，对供应商认同意味着制造商不用耗费额外资源对关系进行防范，从而节省机会主义行为导致的交易成本（Bai et al.，2016）。对供应商认同除了能产生制造商关系行为产出以外，还包括关系信任、尊重、关系承诺等。对供应商认同说明其有提供特别服务、专业化建议以及出色产品质量的能力，因此，制造商与该种供应商打交道时，往往会对其表现出更高水平的信心、可信赖感和信任。这会极大提高制造商与供应商合作深化中对资源的利用效率，有助于实现双方协同效应的最大化，提高双方的合作质量。

根据以上分析，提出假设：

H5：制造商对供应商认同对合作质量具有正向影响。

（二）供应商互补性能力对合作质量的影响

供应商互补性能力意味着其能在多大程度上带来差异性资源以达到双方关系价值增值的目的。在制造商与供应商合作关系深化过程中，双方能力禀赋是否具有互补性起到至关重要的作用（李随成等，2015）。资源基础理论的观点认为，企业是多种存量资源组成的集合体，只有那些具有不可替代性、无法模仿和不能通过交易获得的异质性能力才能不断为企业创造价值。制造商与供应商能力禀赋具有高度一致性远不如能力有差异但又互补的企业绩效好（Oh and Rhee，2008）。企业能否建立持续的竞争优势在很大程度上也取决于这些有价值的、稀缺的和难以替代的内部专有性能力。但是由于外部环境是动态变化的，仅仅依靠企业内部独特资源维持竞争优势会产生很大的局限性。越来越多的学者强调如何获取来自企业外部供应商互补性能力以保持甚至不断形成新竞争优势的重要性，拥有互补性能力的供应商日益成为制造商理想的合作伙伴。

供应商都有其特定的优势领域，诸如资源、生产、研发和营销等方面。选择它们作为合作伙伴不仅能够让合作伙伴间在资源、技术和市场等方面互相取长补短，还能够为制造商提供自身不具备或匮乏的资产，提高双方合作的质量。因此，制造商会选择与那些拥有自己所需能力的供应商深化合作关系，特别是具有异质性和不可分割性特点的互补性能力，在要素市场上不能轻易获得的情况下，制造商制造商更会努力深化与供应商的合作关系，以获得所需资源或特殊能力，从而降低合作伙伴采取机会主义行为的可能性（Ambrosini et al.，2009）。Chung 等（2000）分析了企业间战略联盟形成的驱动因素。研究结果表明，企业间互补性能力显著地正向影响战略联盟关系的合作质量。Sarkar 等（2001）实证研究了供应商能力互补性与文化、运营标准兼容性对战略联盟绩效的影响。研究结果表明，供应商能力互补性和战略联盟绩效之间呈显著的正相关关系，企业选择能力互补性的供应商作为合作伙伴不仅有利于提高联盟关系的合作质量，还有利于产生合作的协同效应，提高企业竞争优势。

根据以上分析，提出假设：

H6：供应商互补性能力对合作质量具有正向影响。

（三）供应商合作力度对合作质量的影响

供应商合作力度发生在特定制造商与供应商二元关系中，由供应商做出旨在满足制造商需求的各种投入。这些投入主要表现为供应商在交货期、产能、流程和工艺等方面做出调整，以满足制造商采购部门的具体需求。供应商合作力度增强制造商与供应商之间的相互了解，使得供应商能够更好地理解制造商的战略意图（Fynes et al.，2015）。制造商也可以有效确定供应商的存在具体的问题，并通过有效沟通，在双方认可的情况下对供应商下一步绩效和能力的改进提出相应措施以提高双方的合作质量。

供应商合作力度水平的高低受许多不同因素的影响，比如供应商在产品、生产等方面的合作力度，关注当前利益，只是为了满足制造商有效开展生产运营活动需要而做出必要调整；在组织结构和人力资源方面的合作力度则着眼于双方关系的未来，是一种战略性投资，表明供应商有意愿通过深化和维持合作关系以获取更大的关系收益（熊世权等，2010）。为了更好获取竞争优势，制造商开始从战略和运作层面与供应商建立更为紧密的合作关系来实现与供应商之间的互惠互利，并做出长期导向的关系行为，促使制造商与上游供应商从简单的市场交易关系深化为长期的合作伙伴关系（Tomlinson and Fai，2016）。因此，供应商合作力度促使制造商对合作关系的承诺，其更有意愿通过将双方资金、技术、知识以及人员等资源有效整合，生产最终产品，满足最终客户日益多样化和个性化的需求，从而提升双方合作质量。

根据以上分析，提出假设：

H7：供应商合作力度对合作质量具有正向影响。

（四）制造商对以往合作满意对合作质量的影响

对以往合作满意是制造商对供应商具体表现的一种主观性认知和评价。对以往合作满意不仅反映了制造商对合作关系现状的感知状态或知觉效能，还可以预测供应商未来的关系行为模式。如果一个供应商不仅能够提供高质量的产品和服务，而且能够在到货期、交付周期、订货周期以及库存管理、文化氛围、生产柔性、新产品开发等多方面满足相关企业的需求，那么意味着制造商对供应商在合作中有较高的满意度。对以往合作结果感到满意的制造商会珍惜和供应商的交往，并在个人层面上喜欢和供应商在一起工作，相信供应商是值得关心、尊重并愿意与他们分享信息。同时，对以往合作满意的制造商还会对关系过程中双方互动行为有积极的情感反应和认同，这些互动行为包括沟通、交流、共同解决问题、冲突管理和形成共同价值观等，因此有利于制造商和供应商合作关系的深化（Lin et al.，2013；程聪等，2012）。

选择一个"好"的合作伙伴可以为日后双方合作顺利和合作质量提供保障，并方便后续治理机制的设计（Bonner and Calantone, 2005）。因此以往合作满意对制造商与供应商合作质量的影响很大。关注评价"好"的合作伙伴相关标准是至关重要的，制造商对以往合作满意则是这个标准中非常重要的选择指标。此外，社会交换理论为制造商对以往合作满意研究提供了坚实的理论基础。社会交换理论的代表人物 Homans（1958）认为互动行为是一个过程，在这个过程中合作双方通过了解和信任对方而进行资源交换与共享。只有当这种交换关系具有足够的吸引力时，合作双方才会进行持续性互动。互动结果使得双方愿意做出适当调整以满足对方的具体需要。Homan（1958）指出沟通会使得交换双方的关系发展更为顺利。如果以制造商与供应商关系为例，合作关系深化行为过程十分吻合 Homans（1958）主张的社会交换行为，也就是说合作双方只有觉得合作伙伴具有吸引力，才会继续与对方的合作，而且合作双方会配合对方的要求来调整资源。因此，制造商对以往合作满意会促使合作双方的关系进展更为顺利、从而促进合作质量的提升。

根据以上分析，提出假设：

H8：制造商对以往合作满意对合作质量具有正向影响。

三　关系嵌入对合作关系深化的影响

合作关系深化是衔接合作双方前期关系积累与合作关系形成的重要桥梁，需要制造商与供应商在合作过程中提高关系嵌入水平，进而形成合作双方关系行为的改变和达成合作规范共识的一种状态（Palmatier et al.，2006；潘松挺和郑亚莉，2011；曹智等，2012）。在企业间关系中，关系嵌入与关系深化紧密相连。关系嵌入是制造商对供应商能力、善意和正直等相关因素的一种认知或判断，并外在表现出某种与之继续保持交易关系的情感依赖和行为意向。关系嵌入集中反映关系联结属性和制造商与供应商之间资源流的状态，它会影响合作伙伴间的相互支持，促进合作伙伴间相互利用对方有用的资源，创造相互间关系感知的舒适性，大大增加资源整合所带来效应最大化

（Huang and Wilkinson，2013；Ekici，2013）。

关系嵌入是一种互惠的关系价值，也是一种治理机制，抑制制造商和供应商采取机会主义行为，增强合作双方对关系的心理性归属感（Cao and Zhang，2011）。社会交换理论认为，关系嵌入提升彼此的承诺，致使双方交易转向长期交易（Maurer，2010）。Zhou 等（2008）指出，关系嵌入作为外部网络关系中一个重要组成部分，对制造商发展能力和提升绩效有至关重要的影响。制造商与供应商关系嵌入是在一定背景下，制造商和供应商通过长时间的重复交易，对供应商有了较为深入的了解，双方逐渐适应对方的商业行为，并乐于分享技术知识和市场信息。此后，在供应链领域的研究中，关系嵌入被学者们用来衡量制造企业和供应商之间进行交易活动的契合程度。关系嵌入不仅有助于制造商做出承诺，还可以降低关系脆弱性和不确定性，促使双方建立长期导向关系，加快双方合作关系的深化。来自汽车行业的证据表明，制造商和供应商（比如宏达和丰田）关系嵌入可以解释其供应商网络与竞争对手相比更能够产生高生产率和高绩效的原因。丰田与供应商关系嵌入极大地鼓励了供应商进行关系专用性投资，如供应商为在机器设备和生产工具所做的关系专用性投资，从而使双方降低交易成本、减少次品率，建立相互信任感，从而深化双方合作关系（刘雪梅，2012）。

根据以上分析，提出假设：

H9：关系嵌入对合作关系深化具有正向影响。

四　合作质量对合作关系深化的影响

制造商与供应商合作是一个过程，在此过程中具有不同兴趣和相互依存资源的双方互动以寻求解决问题的办法（裴旭东等，2015）。由于受到自身资源禀赋的限制，企业需要通过建立合作关系解决资源约束问题。在合作中，制造商与供应商通过互动行为促进共同任务的完成、协调双方相互依存活动和共创知识，这些互动行为包括双向的沟通、适应变化、响应需求以及共同配置双方的共有资源。这些相互类型的质量决定合作双方是否可以协同开发资源，如设备、设施、技术诀窍、人力资源和金融资产，以便共同完成任务。制造商与供应商合作质量是指在合作过程中，通过规范制造商与供应商的互动行为，合作双方能在多大程度上协同利用共享资源，同时最大限度地减少浪费以达成共同的合作目标（Ziggers and Henseler，2009）。

资源依赖理论可以有效地解释组织间合作深化的原因。该理论的中心论点是组织的生存取决于那些其他组织具备的、能够让有价值的资源进行稳定流动的策略。资源依赖理论提出组织可以通过参与联合行动的关键资源提供者降低绩效的不确定性。然而，由资源依赖驱动的联合行动并不总是成功的（Inkpen and Beamish，1997）。合作伙伴需要具备能够识别有价值资源和结构化其使用方式的能力，才能促进合作伙伴间的相互顺利进行，同时也愿意及时公开分享其关键资源。由于合作关系的发展过程具有高动态性、高不确定性和高度模糊性的特点，对其管理是非常具有挑战性的（窦红宾和王正斌，2011）。在制造商与供应商合作关系的背景下，合作双方致力于合作质量的提高至关重要。因为合作质量高意味着合作双方建立了互动惯例。通过日常化的互动，制造商与供应商不断接触，持续分享各自拥有的各种信息和知识资源，建立制造商与供应商的相互信任，共同解决合作中双方面临的问题，及时处理双方的纷争和冲突，建立双方为未来关系的合作意愿，为双方未来合作关系的深化奠定良好的基础。

根据以上分析，提出假设：

H10：合作质量对合作关系深化具有正向影响。

第四节　本章小结

基于理论分析和文献综述，具体分析制造商与供应商合作关系深化的影响因素以及影响机理。在此基础上，提出 10 个待检验的理论假设，如表 5-1 所示：

表 5 - 1　　　　　　　　　　　　研究假设汇总

假设编号	假设内容
H1	制造商对供应商认同对关系嵌入具有正向影响
H2	供应商互补性能力对关系嵌入具有正向影响
H3	供应商合作力度对关系嵌入具有正向影响
H4	制造商对以往合作满意对关系嵌入具有正向影响
H5	制造商对供应商认同对合作质量具有正向影响
H6	供应商互补性能力对合作质量具有正向影响
H7	供应商合作力度对合作质量具有正向影响
H8	制造商对以往合作满意对合作质量具有正向影响
H9	关系嵌入对合作关系深化具有正向影响
H10	合作质量对合作关系深化具有正向影响

第六章　研究设计与测量质量评估

通过第三章对制造商与供应商合作关系深化的影响因素探索性分析，第四章构建概念模型和提出研究假设，旨在对制造商与供应商合作关系深化机理进行深入分析，这还需科学的研究设计。主要包括 3 个方面内容，分别是：第一，收集和分析在国内外知名学术期刊上已经发表的文章，借鉴其成熟量表，并进行小规模访谈和预试问卷测试；第二，详细说明数据收集方法和收集过程；第三，说明在本章实证研究中所使用的研究方法。

第一节　问卷设计

一　问卷设计的原则与过程

管理科学与工程研究领域的实证研究中使用最为广泛的数据收集方法是问卷调查法，它是使用科学的调研问卷，由特定受访者进行问卷填写以获取有效信息和征求意见的调研方法。问卷调查法以其样本数量大、问卷回收速度快以及获取的是第一手资料等诸多优点而成为实证研究中最为常用的数据收集方式。为了保证所获调研数据的高信度和高效度，需要研究者设计出科学合理的问卷测量量表。本书主要研究制造商与供应商合作关系的深化机理，通过调研问卷来收集和分析数据以揭示研究中各个构念间的内在关系。因此，实证分析结果的有效性和可靠性在很大程度上取决于问卷设计的质量。本书基于 Dunn 等（1994）的研究编制调查问卷，如图 6-1 所示。

Bollen（1989）认为对问卷题项进行打分时主要基于受访者的主

观感知，采用李克特7级量表法更有利于保证研究构念的变异量并提高构念之间的区分度。因为量表评分分类较少会导致调研数据的非正态分布，造成残差不独立的现象。而随着量表评分分类的增加，在大样本前提下调研问卷数据会呈现正态分布的现象，此时残差独立，共变系数矩阵所体现的构念间关系清晰。因此，本书在问卷设计时采用李克特7级量表法对题项进行测量，同意程度用数字1～7表示，1表示非常不同意，7表示非常同意。

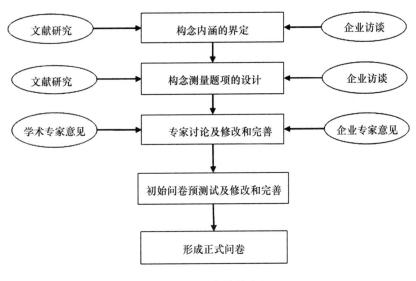

图6-1　问卷编制过程

二　数据分析的步骤与方法

本书数据分析包括构念的描述性统计分析、探索性因子分析、量表的信度和效度分析以及构念的验证性因子分析和研究假设的结构方程模型检验。其中构念的描述性统计分析、探索性因子分析、量表的信度和效度利用 SPSS 18.0 软件，构念的验证性因子分析和研究假设的结构方程模型检验利用 AMOS 18.0 软件。数据分析的步骤和方法具体如下：

（一）描述性统计分析

描述性统计分析是指对调查问卷的基本性质进行统计描述，包括企业性质、企业规模、行业分布情况、受访者基本情况，旨在了解调查问卷是否符合本书的研究需要。

（二）因子分析

1. 探索性因子分析

探索性因子分析是管理学研究领域中最常用的实证研究方法，其原理是将一组具有未知性复杂关系的原始观测变量综合为少数几个公共因子。它反映了原始观测变量与少数公共几个因子之间的相关关系，并通过因子命名而对观测变量进行分类。在进行探索性因子分析之前，首先进行变量之间的相关性分析，判断是否适合进行因子分析。通常采用两种方法检验变量间的相关性，包括：KMO 样本测度和 Bartlett 球体检验。本书运用探索性因子分析的主成分分析方法提取公因子和进行方差最大化正交旋转。为了检测样本是否适合因子分析，通过 KMO 值的大小和 Bartlett 球形检验值中的 χ^2 来判断相关矩阵的取样合适性。在研究中，同时采用 KMO 样本测度和 Bartlett 球体检验两种方法，判断各构念测量题项是否适合做因子分析。KMO 值越接近于 1 则表明变量之间的相关关系越强，观测变量越适合做因子分析。常用的 KMO 值判别标准如表 6 - 1 所示。对于 Bartlett 球形检验值中卡方值比较大，同时检验显著性概率小于 0.05，则被认为适合做因子分析。

表 6 - 1　　　　　　　　　　　KMO 值判断标准

KMO 值	适用性评价
0.9 以上	非常适合做因子分析
0.8—0.9	适合做因子分析
0.7—0.8	适中
0.6—0.7	不太适合做因子分析
0.5—0.6	不适合做因子分析

2. 验证性因子分析

本书对制造商与供应商合作关系深化中涉及的构念，比如对以往合作满意、供应商互补性能力、供应商合作力度、对供应商认同、关系嵌入、合作质量以及制造商与供应商合作关系深化进行测度，利用 AMOS18.0 进行各个构念的验证性因子分析，以检验测量量表的信度、效度。

此外，为了评估所构建概念模型的合理性和有效性，需要对概念模型各个拟合指数进行评价，验证性因子分析的模型拟合指数选择和评价在结构方程模型部分详细讨论。

（三）量表的信度分析

信度是衡量某一事物的所收集的数据结果所具有的内在一致性和稳定性程度。采用 Cronbach's α 指标测度构念的外在信度（见表 6 - 2），采用组合信度（Composite Reliability，CR）测度构念的内在信度。α 值越大表明量表的内部一致性越高，一般而言，α 值大于 0.6，表明该量表的内部一致性可以被接受，α 值大于 0.8，表明信度很好。组合信度 CR 值一般要求大于 0.7，表明量表的稳定性较好。

表 6 - 2　　　　　　　　　　Cronbach's α 的评判标准

Cronbach's α 值	信度评价
0.8 以上	非常好
0.7—0.8	比较好
0.6—0.7	可以接受
0.5—0.6	不适合
0.5 以下	非常不适合

（四）量表的效度分析

量表的效度分析是为检验待测的构念是否真实可靠，待用的工具是否能真正测量待测的构念。效度主要分为内容效度（Content Validity）、校标关联效度（Criterion – Related Validity）和构念效度（Cont-ruct Validity）。而问卷设计主要关注内容效度和构念效度。

内容效度测量量表对所要测验内容的代表程度。为使调查问卷具有较高的内容效度，研究人员在设计量表题项时，一般均需先通过文献探讨，严格选择可以完整涵盖研究内容的测量题项，通常借鉴一些学者使用并被认可的成熟量表，在此基础上，通过企业实际访谈调研，对容易产生歧义或意思表达不明确的题项进行调整和修订，最后再与领域的理论或实务专家一起谈论审定，这个过程能很好确保量表的内容效度。

构念效度又被称为结构效度。它是指量表测量与理论上的构型吻合程度。构念效度主要分为聚合效度和区别效度。聚合效度是指测量指标与理论上测量相关特质问题的关联程度，本书通过标准化因子负荷值和平均萃取方差（Average Variance Extracted，AVE）来测量。一般而言，标准化因子负荷值和 AVE 需要大于 0.5，并且达到显著。

区别效度是指题项对于不相关测量特质的因素区分程度。换句话而言，不同构念间不应存在高度相关性。主要方法采用相关分析，两个构念间的相关系数小于 0.7，则被认为具有区辨性。还有一个常用做法是通过检验各构念的 AVE 的平方根是否大于各构念的相关系数来判断。

（五）结构方程模型

结构方程模型是当代行为和社会领域量化研究的重要统计方法，融合因子分析与路径分析的统计技术，对因果模型进行有效识别、评估和验证。结构方程模型是用来检验关于观察变量和潜变量及潜变量与潜变量之间假设关系的一种多重变量统计分析方法，即以所搜集数据来检验基于理论所建立的假设模型。从统计方法的角度来看，结构方程模型扩展一般线性模型，几乎整合之前所有线性关系的统计方法，如方差分析、探索性因子分析、验证性因子分析、线性回归分析、路径分析、高阶因子检验和纵向追踪数据分析。

由于不同拟合指标评价的侧重点不同，评价一个结构方程模型的拟合程度是一个复杂问题，在进行模型拟合程度评价时，判定某个模型是否被接受，不能依赖于单一指标评价，而是应该运用多个指标进行综合评价。根据 AMOS 所提供拟合度指标的功能与意义，本书选择以下几个主要指标来评价模型拟合的情况（见表 6 - 3）。

表 6 - 3　　　　　　　　　　　　整体模型拟合度指标

拟合指标	指标的参考值
χ^2/df（CMIN/DF）	小于 5 表示可以接受；小于 3 表示拟合较好
P	大于 0.05 表示观测数据与模型之间不存在显著差异
GFI	大于 0.8 表示可以接受；大于 0.9 表示拟合较好
AGFI	大于 0.8 表示可以接受；大于 0.9 表示拟合较好
NFI	大于 0.8 表示可以接受；大于 0.9 表示拟合较好
TLI	大于 0.8 表示可以接受；大于 0.9 表示拟合较好
CFI	大于 0.8 表示可以接受；大于 0.9 表示拟合较好
RMSEA、RMR	0 以上，小于 0.1 表示好的拟合；小于 0.05 表示非常好的拟合；小于 0.01 表示非常出色的拟合
C. R.	大于 1.96 表示在 0.05 水平显著；大于 2.58 表示在 0.01 水平显著；大于 3.29 表示在 0.001 水平显著

（1）卡方自由度比（CMIN/DF）。CMIN/DF 代表每降低一个自由度所带来卡方值的变化。卡方自由度比越小，模型的拟合度就越高。一般情况下，学者建议 CMIN/DF 的比值介于 1~3 的范围内，表明模型拟合较好。

（2）渐进残差均方和平方根（RMSEA）（Root Mean Square Error Of Approximation）。渐进残差均方和平方根反映假设模型与样本的不匹配程度，受样本数量影响较小，是较为理想的拟合指标，因此也成为结构方程模型最基本的拟合指标。RMSEA 值越小，表明模型拟合越好，一般而言，RMSEA 指标小于 0.1，表明模型的拟合结果可以被接受，小于 0.08，表明模型的拟合结果良好。

（3）适配度指数（GFI）（Goodness - Of - Fit Index）。适配度指数表示模型假设的共同变异系数与样本之间的相似程度。GFI 值越接近1，表明该模型的适配程度越高，通常 GFI 值需要大于 0.85，表明模型拟合可以被接受，GFI 值大于 0.9，表明模型拟合较好。由于GFI 受样本量的影响较大，样本量越大，GFI 的值也就越大，所以，适配度指数的使用一般需结合调整后适配度指数值。

（4）调整后适配度指数（AGFI）（Adjusted Goodness – Of – Fit Index）。调整后适配度指数表示考虑自由度情况下的适配度指数。一般而言，AGFI 大于 0.8 表明可以接受，大于 0.9 表明模型拟合良好。

（5）非标准拟合指标（NNFI）。非规范拟合指标在 AMOS 输出结果中以 TLI（Tuchker – Lewis Index）表示。NNFI 是在 NFI 基础上衡量拟合模型的改进程度。由于非标准拟合指标受样本量的影响较小，成为结构方程模型报告中最常引用的指标之一。一般而言，NNFI 大于 0.8 时，表明模型拟合可以被接受，大于 0.9 时，表明模型拟合良好。

（6）标准拟合指标（NFI）。标准拟合指标用于比较某个所提模型与虚无模型间的卡方值差距，相对于该虚无模型卡方值的一种比值。一般而言，NFI 大于 0.8 时，表明模型拟合可以被接受，大于0.9 时，表明模型拟合良好。

（7）比较适配指数（CFI）（Comparative Fit Index）。比较适配指数通过假设模型与没有共变关系的独立模型相比较来反映拟合程度。CFI 和 RMSEA 都较少受样本量大小的影响，是一个相对理想的指数。大于 0.8 时，表明模型拟合可以被接受，大于 0.9 时，表明模型拟合良好。

第二节　变量测量

所选取的变量测量指标对量表的形成有直接影响，而测量量表又会直接影响实证结果的有效性和可靠性，因此需要采用科学的方法获取。变量测量主要包括设计变量测量指标和给出变量的操作化定义这两个方面。本节将详细阐述如何科学地获取变量测量指标，基于前期研究成果，并结合本书的实际研究情境和对企业实地调研的结果，给出变量操作化定义，通过可测量的题项形成具体测量指标，采用以下3个步骤进行测量量表的设计。（1）通过检索在国内外知名学术期刊上已经发表的相关研究中已经验证了其有效性并且具有普遍适用性的测量指标。如果现有研究中没有发现合适的指标，则根据现有研究和本书对该构念的界定，总结出其主要特征并到企业进行实地调研和访谈后形成该构念的测量题项。（2）由于研究的构念大多来自外文文献，为了保证量表题项的语义表达的准确性，对相关测量题项进行双向翻译，并根据我国供应链企业具体情况对量表题项进行相应修改形成初始问卷。（3）先对初始问卷进行小规模预测试以保证正式问卷的质量，并根据预测试的情况对量表题项进行进一步完善。通过经过以上3个步骤，最终形成用于大样本调查的正式问卷。

一　变量初始测量

本书的概念模型中变量分为3类：自变量、中介变量和因变量。下面分别阐述这3类变量的初始测量方法。

（一）自变量的初始测量方法。在概念模型中，制造商与供应商合作关系深化的影响因素是自变量。在第四章中基于文献研究并结合企业访谈，形成初始测量量表，并通过问卷预测试，得出了正式测量量表。通过探索性因子分析得出了制造商与供应商合作关系深化的4个影响因素，并验证了测量量表的信度、效度。结果表明，探索性因子分析所得出的制造商与供应商合作关系深化的4个影响因素是存在的，而且是稳固的。同时，量表具有良好的信度和效度，可以用于测量制造商与供应商合作关系深化的影响因素，因此仍采用该量表。

（二）中介变量的初始测量方法。概念模型中关系嵌入和合作质量是中介变量，用于解释制造商与供应商合作关系的深化机理。学者在开展相关研究时，提出了这些构念的测量量表。然而，这些测量量表并不完全是在探讨制造商与供应商二元关系时提出的，需要结合制造商与供应商二元关系情境，对量表进行修正。在测量这些构念时，充分借鉴已有量表，并根据本书情境对语句表述、题项设置进行合理调整。

1. 关系嵌入

关系嵌入认为企业的网络成员可以嵌入在其所处的社会关系网络中，通过成员间的相互联结和彼此的互动来获取信息收益，主要强调制造商与供应商的二元交易关系在企业分享信息和知识方面的重要作用（Zhuang et al., 2010）。Zhou 等（2012）特别指出，关系嵌入作为外部网路关系中一个重要组成部分，对制造商发展能力和提升绩效有至关重要的影响。制造商与供应商关系嵌入是在一定背景下，制造商和供应商通过长时间的重复交易，对供应商有了较为深入的了解，双方逐渐适应了对方的商业行为，并乐于分享技术知识和市场信息。此后，在供应链领域的研究中，关系嵌入被学者们用来衡量企业和供应商之间进行交易活动的契合程度。关系嵌入的测量参考 Barden 和 Mitchell（2007）、Blonska 等（2013）以及 Reindfleisch 和 Moorman（2001）的量表，共有 4 个题项构成。它们分别是：

我们与供应商 A 的合作时间较长；

在合作中我们与供应商 A 之间的感情越来越深；

在合作中我们与供应商 A 之间的关系越来越亲密；

在合作中我们与供应商 A 之间相互提供互惠性服务。

2. 合作质量

在合作中，制造商与供应商通过互动行为促进共同任务的完成、协调双方相互依存活动和共创知识，这些互动行为包括双向的沟通、适应变化、响应需求以及共同配置双方的共有资源。这些相互类型的质量决定了合作双方是否可以协同开发资源，如设备、设施、技术诀窍、人力资源和金融资产，以便共同完成任务。制造商与供应商合作质量是指在合作过程中，通过制造商与供应商的互动行为双方在多大程度上协同利用共享资源，同时最大限度地减少浪费以达成共同目标。合作质量的测量借鉴 Yan 和 Dooley（2014）的量表，共有 4 个题项构成。它们分别是：

在与供应商 A 的合作过程中，我们能够相互支持；

在与供应商 A 的合作过程中，我们注重沟通的质量；

在与供应商 A 的合作过程中，我们能够相互协调；

在与供应商 A 的合作过程中，我们都做出了最大的努力。

（三）因变量的初始测量方法。概念模型中合作关系深化是因变量，合作关系深化的测量使用本书第三章已经经过验证的测量量表，共有 14 个题项构成。

二　变量测量修订

通过对国内外已有相关文献的认真分析和梳理，提取出制造商与供应商合作关系深化所涉及相关概念的测量题项。然而这些概念的测量题项主要是基于西方发达国家相关企业的实证研究。和西方发达国家相比，发展中国家在经济体制、社会文化、商业惯例等方面存在较大的差异，因此照搬这些测量题项，就可能陷入误区，直接影响研究结果的科学性。因此，需要通过对中国制造商与供应商合作关系的实际情况进行实地调研，以客观反映中国制造商与供应商合作关系深化的现状，从而更有针对性地对我国制造商如何深化合作关系提供理论依据和指导。

有学者指出，通过对企业进行小规模访谈来修正和完善问卷，是调研中问卷设计的必经之路。选择典型的制造商进行小范围访谈，探明受访者对研究中涉及的各个构念内涵的认知和理解，并对题项设计的合理性和表述准确性提供意见和建议，可以从企业实际出发对测量题项进行补充。同时，邀请供应链管理研究领域的 4 名教授和 6 名博士研究生参加讨论，通过讨论，对意思表达不准确和容易产生理解歧义的测量题项进行了修订和完善，删除多余题项使之更加符合企业实际，以确保量表题项的完整性和准确性。此次访谈与第三章制造商与供应商合作关系深化影响因素的探索性研究访谈同时进行。访谈提纲见附录二。

对这些典型制造商深度访谈以及与供应链管理研究领域的教授、博士研究生的讨论结果表明，本书概念模型中涉及各个构念的初始测量量表基本能够较好地反映其内涵，测量量表具有较高的内容效度。从整体上看，量表题项设置较为充分，能够有效测度各构念。访谈对象和讨论者对量表题项的用语、表述方式提出了完善意见。通过问卷调研反馈，一共增加 3 个题项。关于关系嵌入的测量，访谈对象认为题项设置不够充分，建议增加两个题项，即 RE5：我们的员工和供应商 A 的员工之间共享彼此亲密的社会关系；RE6：我们由衷地感谢供应商 A 为我们所做的一切。关于合作质量的测量，访谈对象建议增加一个题项，即 CQ5：在与供应商 A 的合作过程中，我们共享各自的技能和知识。综合企业访谈和专家讨论成果，对原始量表进行修订和完善。修订后的构念测量量表如表 6 - 4 所示。

表 6 - 4　　　　　　　　　　修订后的自变量测量量表

变量		题项		
号	变量名	编号	题项内容	题项来源
1	关系嵌入	RE1	我们与供应商 A 的合作时间较长	Barden 和 Mitchell（2007）、Blonska 等（2008）、Reindfleisch 和 Moorman（2001）
		RE2	在合作中我们与供应商 A 之间的感情越来越深	
		RE3	在合作中我们与供应商 A 之间的关系越来越亲密	
		RE4	在合作中我们与供应商 A 之间相互提供互惠性服务	企业访谈
		RE5	我们的员工和供应商 A 的员工之间共享彼此亲密的社会关系	企业访谈
		RE6	我们由衷地感谢供应商 A 为我们所做的一切	
2	合作质量	CQ1	在与供应商 A 的合作过程中，我们能够相互支持	Yan 和 Dooley（2014）
		CQ2	在与供应商 A 的合作过程中，我们注重沟通的质量	
		CQ3	在与供应商 A 的合作过程中，我们能够相互协调	
		CQ4	在与供应商 A 的合作过程中，我们都做出了最大的努力	企业访谈
		CQ5	在与供应商 A 的合作过程中，我们共享各自的技能和知识	

三 变量测量的信度和效度评价

（一）预测试样本数据收集

收集小样本数据进行预测试是为了提高调研数据质量，为以后的统计分析奠定良好基础。为了对概念模型中各个构念测量题项进行净化处理，需要检验概念模型中各个构念测量量表的信度和效度。初始测量问卷集中在西安、成都、上海、郑州、广州、南京和苏州7个城市发放。共发放问卷300份，回收218份，回收率为72.7%，其中有效问卷206份，占总回收问卷的68.7%。

遵循如下程序，对测量量表进行信度和效度评价：首先，使用探索性因子分析法，对变量测量量表进行结构效度评价，根据相关准则，剔除不合格题项；其次，计算剩余题项的 Cronbach's α 系数值，检验量表的信度。如果量表剩余题项的 Cronbach's α 系数值大于0.7，则表明量表的信度良好。

（二）预测试样本数据评价

1. 效度分析

概念模型中共有7个变量。在此，运用探索性因子分析法，通过收集小样本数据，对概念模型中变量进行效度分析，对题项进行净化处理。

在对各量表的测量题项进行因子分析前，先进行 KMO 检验和 Bartlett 球体检验，以判断变量各测量题项是否适合做因子分析，检验结果如表6-5所示。检验结果表明，7个变量的 KMO 值均大于0.7。同时这7个变量 Bartlett 球体检验的相伴概率均为0.000，表明所有变量适合做因子分析。

表6-5　　　　　预测试中变量 KMO 检验和 Bartlett 球形检验

编号	变量	检验方法			
		KMO 检验	Bartlett 球形检验		
			近似 χ^2 值	自由度	相伴概率
1	对供应商认同（MTSI）	0.907	1004.798	10	0.000

编号	变量	检验方法			
		KMO 检验	Bartlett 球形检验		
			近似χ²值	自由度	相伴概率
2	供应商互补性能力（SCC）	0.850	577.430	6	0.000
3	供应商合作力度（SCE）	0.860	676.026	15	0.000
4	对以往合作满意（PCS）	0.889	795.612	6	0.000
5	关系嵌入（RE）	0.835	755.720	15	0.000
6	合作质量（CQ）	0.884	646.243	10	0.000
7	合作关系深化（CRD）	0.910	1089.840	15	0.000

各变量探索性因子分析结果如表6-6至表6-12所示。其中，仅提取一个公共因子变量，各题项载荷均大于0.5。对于提取出两个公共因子的变量，运用方差极大法进行因子载荷矩阵旋转后，同属一个变量公共因子测量题项的最大载荷具有聚积性，表明量表具有较高的收敛效度。也就是说相对于其他因子而言，同一变量的测量题项在相应的因子上的载荷值均大于0.5。同时，这些测量题项在其他公共因子上的载荷值均小于0.5，表明各构念测量量表具有良好的区分效度。

表6-6　　　　预测试中对供应商认同构念探索性因子分析结果

编号	变量	题项号	因子载荷
1	对供应商认同	MTSI1	0.882
		MTSI 2	0.923
		MTSI 3	0.919
		MTSI 4	0.917
		MTSI 5	0.860
特征值			4.054
方差贡献率（%）			81.073

表6－7　　　　预测试中供应商互补性能力构念探索性因子分析结果

编号	变量	题项号	因子载荷
2	供应商互补性能力	SCC1	0.892
		SCC2	0.871
		SCC3	0.895
		SCC4	0.881
特征值			3.130
方差贡献率（%）			78.254

表6－8　　　　预测试中供应商合作力度构念探索性因子分析结果

编号	变量	题项号	因子载荷
			因子1
3	供应商合作力度	SCE1	0.891
		SCE2	0.826
		SCE3	0.887
		SCE4	0.855
		SCE5	0.835
		SCE6	0.885
特征值			3.797
方差贡献率（%）			79.983

表6-9　　　　预测试中对以往合作满意构念探索性因子分析结果

编号	变量	题项号	因子载荷
4	对以往合作满意	PCS1	0.906
		PCS2	0.912
		PCS3	0.910
		PCS4	0.881
	特征值		3.256
	方差贡献率（%）		81.410

表6-10　　　　预测试中关系嵌入构念探索性因子分析结果

编号	变量	题项号	因子载荷	
			因子1	因子2
5	关系嵌入	RE1	0.891	0.012
		RE2	0.026	0.999
		RE3	0.887	-0.049
		RE4	0.855	0.057
		RE5	0.835	0.035
		RE6	0.885	0.055
	特征值		3.797	1.002
	方差贡献率（%）		79.983	

表 6－11　　　　　预测试中合作质量构念探索性因子分析结果

编号	变量	题项号	因子载荷	
			因子1	因子2
6	合作质量	CQ1	0.898	－0.042
		CQ2	0.881	0.123
		CQ3	0.894	0.060
		CQ4	0.851	－0.008
		CQ5	0.035	0.997
特征值			3.116	1.004
方差贡献率（%）			82.400	

表 6－12　　　　预测试中合作关系深化构念探索性因子分析结果

编号	变量	题项号	因子载荷
7	合作关系深化	CRD1	0.871
		CRD2	0.884
		CRD3	0.870
		CRD4	0.886
		CRD5	0.855
		CRD6	0.860
特征值			4.554
方差贡献率（%）			75.896

依据上述结构效度评价规则，共删除两个题项，具体如下：删除关系嵌入构念的测量题项 RE3，删除合作质量构念的测量题项 CQ4。这两个题项均自成一个因子，且因子载荷值小于0.5，这易构成因子题项间没有内部一致性，故应删除。

2. 信度分析

在进行上述效度分析后，对保留下来的构念测量题项进行信度分析。通过 Cronbach's α 系数检验量表的内部一致性。检验结果如表 6 – 13 所示。所有量表的 Cronbach's α 系数值均大于 0.7，位于理想范围内，表明量表题项间具有良好的内部一致性，量表具有较高的信度。

经过上述效度分析和信度分析，删除了变量测量量表中的冗余题项，从而形成正式测量量表。基于这些正式量表，通过大样本调查收集数据，运用统计方法进行实证检验，并对研究结果进行讨论。

表 6 – 13　　　　　　　　　预测试中变量信度检验

编号	变量	题项个数	Cronbach's α 系数值
1	对供应商认同（MTSI）	5	0.942
2	供应商互补性能力（SCC）	4	0.906
3	供应商合作力度（SCE）	6	0.924
4	对以往合作满意（PCS）	4	0.92
5	关系嵌入（RE）	5	0.932
6	合作质量（CQ）	4	0.900
7	合作关系深化（CRD）	6	0.903

第三节　数据收集

对概念模型进行检验的样本对象、调查对象和数据收集过程同本书第三章制造商与供应商合作关系深化的影响因素研究。选择 13 个省市（陕西、四川、江苏、河南、湖南、安徽、辽宁、广东、吉林、山东、郑州、上海、浙江）的 500 家制造类企业发放 500 份问卷，收回 458 份。在进行制造商与供应商合作关系深化的影响因素研究时，剔除由于数据缺失和回答明显不认真的 32 份不合格问卷。在剩余的 426 份问卷中，再剔除 18 份无效问卷，共得到 408 份有效问卷，占回收问卷的 81.60%。这

408 份问卷用于进行制造商与供应商合作关系深化机理的研究，对整体结构模型进行拟合分析和假设检验。

所剔除的 18 份问卷具体如下：

（一）填写不全的问卷。问卷填答结果是进行统计分析的前提，调查对象应认真回答问卷中所有问题，反映对于问题的真实认识。因此，如果单份问卷中有多个问题未予以回答，表明调查对象未对这些问题发表意见，不能反映调查对象对问题的看法，影响问卷填答的完整性，故应剔除这类问卷。在此，剔除累计超过 10 个问题未回答的问卷。这种类型的问卷共 10 份。

（二）填答随意、不认真的问卷。这类问卷的特点是，对于多个（指多于 5 个）变量的测量题项，单个调查对象均选择同一选项。这种填答属于敷衍式填答，填写答案无意义，未能有效反映调查对象对问题的认识，属于无效问卷。运用这种问卷填答所得数据进行统计分析，不能得出有效结论，会干扰运用认真填答所得数据得出的研究结论，故应剔除。这种类型问卷共 8 份。

一 描述性统计分析

调研样本的描述性统计分析分别从受访者学历、工作年限、工作职务、企业性质和行业类型 5 个方面展开。通过分析样本特征，初步检查样本数据质量，判断样本数据是否适合进行统计分析。

受访者学历方面，主要涉及高中、大专、本科和研究生等 4 类。其中，本科和研究生占比为 85.19%。这表明绝大部分受访者学历层次较高。因此，这些调查对象能够比较准确地理解问卷的具体内容，客观反映企业实际，问卷填答质量因而得到保证。运用所回收的数据进行统计分析，能够得出有效结论。

受访者工作年限方面，81.30% 的受访者在企业工作年限超过 5 年。有学者的研究指出，较长的受访者工作年限可以保证他们能够深刻认识企业实际，准确把握制造商和供应商之间合作业务活动的情况，保证数据质量以得出有效结论。

受访者工作职务方面，主要涉及制造商和供应商管理相关职能部门人员，包括企业高管（8.35%）、采购经理（16.67%）、项目经理（30.74%）、采购人员（18.89%）和供应商管理人员（25.35%）。这些职能部门人员均是与制造商和供应商合作关系建立接触较为密切的人员。这些人员对制造商和供应商合作关系深化问题有较深的认识，可以保证研究结果的有效性。

受访者企业性质方面，主要涉及国有控股、外商独资和中外合资等3类。3类企业性质的样本分别占比51.48%、18.70%和19.44%。从不同性质企业收集数据，有助于保证样本涵盖不同性质企业的信息，反映不同性质企业的实际情况，保证研究结论的普适性。

受访者行业类型方面，主要涉及通用设备制造业、金属制品业、通信设备制造业、电气机械及器材制造业、专用设备制造业、医药制造业、交通运输设备制造业7种，7种行业类型样本数据占比分别为15.37%、13.15%、16.67%、15.56%、14.07%、12.78%和12.40%，从7种行业类型收集的样本数量较为均衡。样本中既包括通用设备制造业，也包括专用设备制造业，并涵盖通信设备制造业（如计算机业）和交通运输设备制造业（如汽车业），能够反映不同行业的信息，并分析不同行业中供应商与制造商关系的特点，提高研究结果的适用性。

样本背景资料分布情况如表6-14所示。

表6-14　　　　　　　　样本背景资料的分布情况

项目	类别	样本数	构成比（%）
受教育程度	大专	60	14.81
	本科	250	61.30
	研究生	98	23.89
工作年限	5年以下	77	18.70
	6—10年	128	31.48
	11—15年	140	34.44
	20—25年	37	9.07
	25年以上	26	6.30

项目	类别	样本数	构成比（%）
工作职务	企业高管	34	8.35
	采购经理	69	16.67
	项目经理	124	30.74
	采购人员	78	18.89
	供应商管理人员	103	25.35
企业性质	国有控股	210	51.48
	外商独资	76	18.70
	中外合资	80	19.44
	民营企业	42	10.37
行业类型	通用设备制造业	63	15.37
	金属制品业	53	13.15
	通信设备制造业	68	16.67
	电气机械及器材制造业	63	15.56
	专用设备制造业	58	14.07
	医药制造业	52	12.78
	交通运输设备制造业	51	12.40

二 问卷调查的有效性控制

为了保证问卷的有效性和较高的回收率，课题组采用了以下控制措施：

（一）问卷设计的控制。为了保证问卷设计的有效性，问卷涉及的构念尽量采用国际一流学术期刊上被广泛认可的成熟量表以确保研究所用量表的信度和效度。同时，采用翻译和回译的方法以避免中、英文语言上的差异，形成构念初始量表。为保证问卷的质量，还需要进行题项的预测试，以探明初始测量量表的有效性。根据预测试的结果，对测量题项进行修正及删减，以产生正式问卷，预测试是后期大样本调查所获数据准确性的重要前提。这个过程保证本问卷所测量题项具有很好的内容效度。

（二）问卷发放者的控制。课题组成员对于课题的调研内容熟悉，同时加强了问卷发放成员的面谈和电话沟通技巧以及问卷收集过程中应注意问题的培训。小组成员需要对受试者提供问卷的简要说明，并保证本书结果用于学术研究，承诺对填写者提供信息保密，从而保证问卷较高回收率和有效率。

（三）调查过程的控制。问卷的发放和收集主要通过电子邮件、现场填写和邮寄相结合的方式。针对陕西省及其周边的企业，课题组事先与企业联系人预约，告知调研的目的和所需要时间，在得到肯定答复后，课题组对企业进行调研，并现场发放问卷，在调研企业要求的情况下承诺把问卷分析结果中有价值部分进行反馈，从而提高问卷回收的质量。对于不能现场调研的企业，通过邮寄和电子邮箱方式发放和收集问卷。被调查对象主要通过导师介绍和相关行业工作的朋友、同学和校友的引见，为了保证问卷回收质量，课题组通过两轮的问卷发放和多次沟通联系，以保证调研质量。

（四）筛选问卷的控制。在多次沟通联系以后，对于回收问卷中还存在问卷问答缺失题项较多的视为无效问卷。此外，问卷选择题项具有明显的趋同、数值不符合正常规律，说明受试者答题过于随意，视为无效问卷。

第四节　测量质量评估

本书通过问卷调查方法收集 408 份有效样本，尽管在问卷收集过程中，采用相应的措施保证样本的质量。但在实证分析之前，对样本数据进行有效性分析。本书共涉及 7 个构念的测量，分别是对以往合作满意、供应商互补性能力、供应商合作力度、对供应商认同、关系嵌入、合作质量和合作关系深化，在本书第四章中已经对合作关系深化概念的信效度进行了分析，在此只对剩余 6 个构念进行信效度分析。

一　量表的信度分析

采用 Cronbach's α 信度系数法和组合信度（CR）检验量表的内部一

致性，进而判断量表信度。如果量表的 Cronbach's α 值或 CR 值高于 0.7，即认为量表具有良好的信度。本书的信度分析通过 Cranach's α 系数和组合信度来检验各个构念的题项内部一致性和稳定性。本书通过 SPSS18.0 对量表进行信度分析。由表 6 – 15 可以看出本书所有构念的 Cranach's α 系数都超过 0.8，组合信度超过 0.7，表明量表的信度良好（见表 6 – 15）。

表 6 – 15　　　　　　　　　　量表信度检验结果

潜变量	Cronbach's α	CR	AVE 值
对供应商认同（MTSI）	0.865	0.874	0.581
供应商互补性能力（SCC）	0.932	0.916	0.732
供应商合作力度（SCE）	0.883	0.935	0.705
对以往合作满意（PCS）	0.936	0.880	0.646
关系嵌入（RE）	0.928	0.919	0.695
合作质量（CQ）	0.864	0.864	0.643
合作关系深化（CRD）	0.894	0.937	0.712

二　量表的效度分析

（一）各个构念量表的效度分析

1. 对供应商认同验证性因子分析

对供应商认同构念共有 MTSI1、MTSI 2、MTSI 3 、MTSI 4 和 MTSI 5 这 5 个测量题项。使用 AMOS18.0 进行验证性因子分析，各题项的残差都为正数。其中 CR 值为 0.874，AVE 值为 0.581，大于 0.5，表明模型的聚合效度良好。模型的拟合度指标卡方自由度比 1.820，大于 1 但小于 3，在合理区间范围内，RMSEA 等于 0.038，小于 0.05 的标准，可以接受，GFI 等于 0.984，AGFI 等于 0.953，均大于 0.9，符合标准要求，表明模型拟合良好。另外，所有操作变量因子载荷均在 0.001 水平上显著，标准化的因子载荷值都大于 0.5。所有表明对供应商认同的验证性因子分析测量模型具有良好的结构效度和聚合效度。

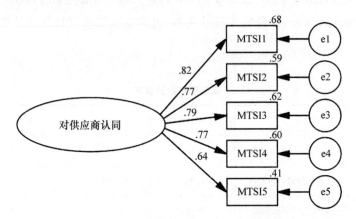

图 6-2 对供应商认同的验证性因子分析

表 6-16 对供应商认同的验证性分析结果

			Standardized Estimate	Estimate	S. E.	C. R.	P
MTSI 1	←	MTSI	0.825	1.000			
MTSI 2	←	MTSI	0.768	0.903	0.053	16.947	* * *
MTSI 3	←	MTSI	0.788	1.054	0.063	16.851	* * *
MTSI 4	←	MTSI	0.774	0.952	0.057	16.631	* * *
MTSI 5	←	MTSI	0.644	0.061	0.061	13.429	* * *

2. 供应商互补性能力的验证性因子分析

供应商互补性能力概念共有 SCC1、SCC2、SCC3 和 SCC4 4 个测量题项。使用 AMOS18.0 进行 CFA 检验，各题项的残差都为正数。其中 CR 值为 0.916，AVE 值为 0.732。模型的拟合度指标卡方自由度比 1.136，大于 1 但小于 3，在合理区间范围内，RMSEA 等于 0.018，小于 0.05，可以被接受，GFI 等于 0.987，AGFI 等于 0.972，均大于 0.9，符合标准要求，表明模型拟合良好。另外，所有操作变量因子载荷均在 0.001 水平上显著，标准化的因子载荷值都大于 0.5。所有表明供应商互补性能力的验证性因子分析测量模型具有良好的结构效度和聚合效度。

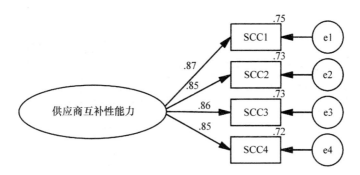

图 6-3　供应商互补性能力的验证性因子分析

表 6-17　　　　　　供应商互补性能力的验证性分析结果

			Standardized Estimate	Estimate	S. E.	C. R.	P
SCC1	←	SCC	0.867	1.000			
SCC2	←	SCC	0.852	1.103	0.050	21.998	* * *
SCC3	←	SCC	0.855	1.095	0.050	22.112	* * *
SCC4	←	SCC	0.848	1.126	0.052	21.822	* * *

3. 供应商合作力度的验证性因子分析

供应商合作力度构念共有 SCE1、SCE2、SCE3、SCE4、SCE5 和 SCE6 6 个测量题项。使用 AMOS18.0 进行 CFA 检验，各题项的残差都为正数。其中 CR 值为 0.935，AVE 值为 0.705。模型的拟合度指标卡方自由度比 1.832，小于 3，在合理区间范围内，RMSEA 等于 0.044，小于 0.05，GFI 等于 0.950，AGFI 等于 0.884，均大于 0.9，符合标准要求，表明模型拟合良好。另外，所有操作变量因子载荷均在 0.001 水平上显著，标准化的因子载荷值都大于0.5。所有表明供应商合作力度的验证性因子分析测量模型具有良好的结构效度和聚合效度。

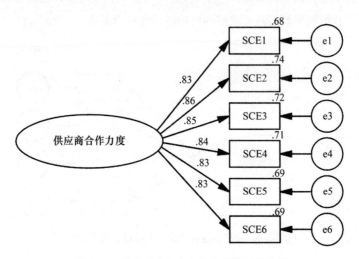

图6-4　供应商合作力度的验证性因子分析

表6-18　　　　　　　　供应商合作力度的验证性分析结果

			Standardized Estimate	Estimate	S. E.	C. R.	P
SCE1	←	SCE	0.825	1.000			
SCE2	←	SCE	0.858	1.056	0.049	21.387	＊＊＊
SCE 3	←	SCE	0.850	1.010	0.049	20.692	＊＊＊
SCE 4	←	SCE	0.842	1.048	0.051	20.423	＊＊＊
SCE 5	←	SCE	0.832	0.988	0.050	19.919	＊＊＊
SCE 6	←	SCE	0.830	1.031	0.052	19.887	＊＊＊

4. 对以往合作满意的验证性因子分析

对以往合作满意构念共有 PCS1、PCS2、PCS3 和 PCS4 4 个测量题项。使用 AMOS18.0 进行 CFA 检验，各题项的残差都为正数。其中 CR 值为 0.880，AVE 值为 0.646，大于 0.5，表明模型的聚合效度良好。模型的拟合度指标卡方自由度比 2.274，大于 1 但小于 3，在合理区间范围内，RMSEA 等于 0.042，小于 0.05，GFI 等于 0.979，AGFI 等于 0.894，大于 0.09，符合标准要求，表明模型拟合良好。另外，所有操作变量因子载荷均在 0.001 水平上显著，标准化的因子载荷值都大于 0.5。所有表明对以往合作满意的验证性因子分析测量模型具有良好的结构效度和聚合效度。

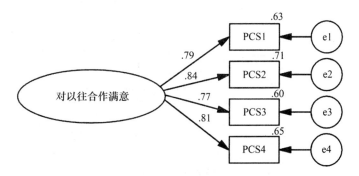

图 6 - 5 对以往合作满意的验证性因子分析

表 6 - 19　　　　　　　**对以往合作满意的验证性分析结果**

			Standardized Estimate	Estimate	S. E.	C. R.	P
PCS1	←	PCS	0.791	1.000			
PCS 2	←	PCS	0.842	1.026	0.057	18.129	＊＊＊
PCS 3	←	PCS	0.773	0.991	0.063	15.773	＊＊＊
PCS 4	←	PCS	0.808	1.066	0.065	16.431	＊＊＊

5. 关系嵌入的验证性因子分析

关系嵌入构念共有 RE1、RE2、RE3、RE4 和 RE5 5 个测量题项。使用 AMOS18.0 进行 CFA 检验，各题项的残差都为正数。其中 CR 值为 0.919，AVE 值为 0.695，大于 0.5，表明模型的聚合效度良好。模型的拟合度指标卡方自由度比 1.562，大于 1 但小于 3，在合理区间范围内，

RMSEA 等于 0.037，小于 0.05，GFI 等于 0.993，AGFI 等于 0.978，大于 0.09，符合标准要求，表明模型拟合良好。另外，所有操作变量因子载荷均在 0.001 水平上显著，标准化的因子载荷值都大于 0.5。所有表明关系嵌入的验证性因子分析测量模型具有良好的结构效度和聚合效度。

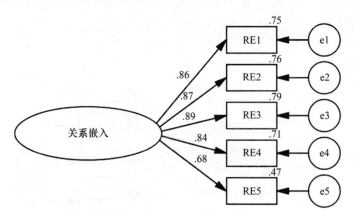

图 6-6 关系嵌入的验证性因子分析

表 6-20 关系嵌入的验证性分析结果

			Standardized Estimate	Estimate	S. E.	C. R.	P
RE 1	←	RE	0.863	1.000			
RE 2	←	RE	0.872	1.059	0.045	23.412	* * *
RE 3	←	RE	0.890	1.044	0.043	24.025	* * *
RE 4	←	RE	0.845	0.988	0.045	22.058	* * *
RE 5	←	RE	0.682	0.751	0.048	15.759	* * *

6. 合作质量的验证性因子分析

合作质量构念共有 CQ1、CQ2、CQ3 和 CQ4 4 个测量题项。使用 A-MOS18.0 进行 CFA 检验，各题项的残差都为正数。其中 CR 值为 0.864，AVE 值为 0.643，大于 0.5，表明模型的聚合效度良好。模型的拟合度指标卡方自由度比 2.274，大于 1 但小于 3，在合理区间范围内，RMSEA 等于 0.046，小于 0.05，GFI 等于 0.988，AGFI 等于 0.938，大于 0.09，符合标准要求，表明模型拟合良好。另外，所有操作变量因子载荷均在 0.001 水平上显著，标准化的因子载荷值都大于 0.5。所有表明合作质量的验证性因子分析测量模型具有良好的结构效度和聚合效度。

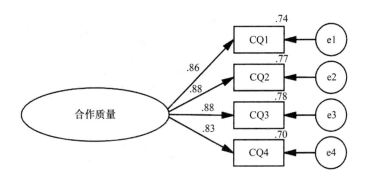

图 6 - 7　合作质量的验证性因子分析

表 6 - 21　　　　　　　　合作质量的验证性分析结果

			Standardized Estimate	Estimate	S. E.	C. R.	P
CQ1	←	CQ	0.861	1.000			
CQ2	←	CQ	0.877	0.976	0.042	23.088	＊＊＊
CQ3	←	CQ	0.881	0.977	0.042	23.270	＊＊＊
CQ4	←	CQ	0.835	0.973	0.046	22.263	＊＊＊

7. 合作关系深化的验证性因子分析

合作关系深化构念共有 CRD1、CRD2、CRD3 、CRD4、CRD5 和 CRD6 6 个测量题项。使用 AMOS18.0 进行 CFA 检验，各题项的残差都为正数。其中 CR 值为 0.937，AVE 值为 0.712，大于 0.5，表明模型的聚合效度良好。模型的拟合度指标卡方自由度比 2.274，大于 1 但小于 3，在合理区间范围内，RMSEA 等于 0.063，小于 0.08，GFI 等于 0.945，AGFI

等于 0.907，大于 0.09，符合标准要求，表明模型拟合良好。另外，所有操作变量因子载荷均在 0.001 水平上显著，标准化的因子载荷值都大于0.5。所有表明合作关系深化的验证性因子分析测量模型具有良好的结构效度和聚合效度。

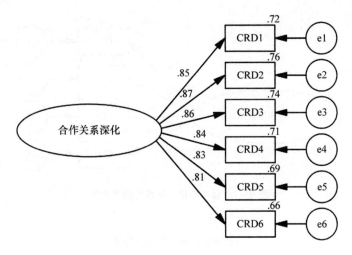

图 6-8 合作关系深化的验证性因子分析

表 6-22   合作关系深化的验证性分析结果

			Standardized Estimate	Estimate	S. E.	C. R.	P
CRD1	←	CRD	0.847	1			
CRD 2	←	CRD	0.869	1.093	0.048	22.627	* * *
CRD 3	←	CRD	0.860	1.049	0.047	22.225	* * *
CRD 4	←	CRD	0.841	1.041	0.049	21.378	* * *
CRD 5	←	CRD	0.833	0.992	0.047	21.074	* * *
CRD6	←	CRD	0.810	0.981	0.049	20.13	* * *

（二）整体量表的验证性因子分析

区别效度的检验方法有两种，第一种是通过相关分析得到，变量间的相关系数如果小于 0.75 可以被接受，对概念模型 7 个变量之间的相关关系进行检验，以判断变量之间是否存在显著相关性，变量之间的相关系数和显著性水平，而在本书中，如表 6-23 所示只有一个值为 0.733，超过 0.7，其余都远远小于 0.75，显示区别效度良好；第二个方法是通过对比 AVE 的平方根与每个变量之间的相关系数来检测区别效度，从表 6-23 可以看出，每个变量的平均变异抽取值的平方根都大于对应变量之间的相关系数，显示有很好的区别效度。综合自变量和因变量的各变量间的相关系数，以及相关系数与 AVE 的关系来看，量表各变量间具有很好的区别效度。因此，可以进行下一步的分析。

表 6-23　　　　　　　　　相关性系数表和区别效度

	1	2	3	4	5	6	7
1. 对供应商认同（MTSI）	0.762						
2. 供应商互补性能力（SCC）	0.373	0.856					
3. 供应商合作力度（SCE）	0.123	0.022	0.840				
4. 对以往合作满意（PCS）	0.433	0.339	0.047	0.804			
5. 关系嵌入（RE）	0.472	0.536	0.049	0.448	0.834		
6. 合作质量（CQ）	0.527	0.267	0.038	0.486	0.367	0.864	
7. 合作关系深化（CRD）	0.404	0.575	0.106	0.451	0.733	0.35	0.844

注：表中左下方数值为各构念间的相关系数，对角线为 AVE 的平方根。

根据前面对各构念的因子分析和验证结果，采用 AMOS18.0 对量表整体数据进行验证性因子分析。模型各拟合指数中卡方自由度比值为 2.242，大于 1 但小于 3，在合理区间范围内，RMSEA = 0.55，小于 0.08，而 GFI = 0.859，AGFI = 0.834，NNFI = 0.901，CFI = 0.942，表明本书的 7 个构念结构模型的拟合较好。

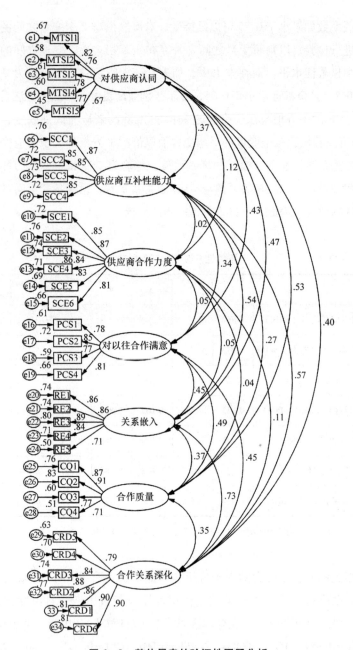

图 6-9 整体量表的验证性因子分析

三 数据共同方法变异检验

共同方法变异（Common Method Variance，CMV）是指测量方法的单一性造成所测变量所代表的关系的变异，在数据收集过程中，如果所有测量的变量的数据来源于受调查者的自我报告，自变量、因变量和其他变量都来源同一数据便会产生共同方法变异的问题。本书采用事前预先设计和事后检验两个方面避免共同方面变异问题。第一，隐去问卷题项所测量的具体意义。避免答题者对于题项测量目的的推测；第二，采用匿名方式，减少顾虑，使得答题者更能安心填写问卷；第三，在调查人员选择上，采用不同职位的调查者群体，通过测量来源多元化来减少共同方法变异。

采用问卷调研法收集的测量数据可能来源于同一个受访者，由此产生共同方法变异的问题，进而可能产生变量间关系高估或低估的现象。本书采用 Harman 单因素测试法检验共同方法变异的问题。具体做法是将观测变量的所有题项进行探索性因子分析，如果用抽取特征根和限定单一因子的方法都不能提取单一因子，就能够判定共同方法变异问题不明显。此外，本书还将观测变量的所有题项设定为单一因素，运用验证性因子分析法检验模型的适配性水平。如果所有题项测量的共变量受到方法变异的影响较大，单一因子验证性因子分析模型将会出现很好的适配，而模型最终不能运行单一因子验证性因子分析，模型适配结果是 CMIN/DF = 12.524；GFI = 0.414；AGFI = 0.339；RMSEA = 0.168，所有模型适配度指标都优于判断标准，表明单一因子分析的模型适配度较差。因此，可以认为本书共同方法变异问题并不显著。

第五节 本章小结

本章从分析方法、变量测量、研究数据的收集、信效度检验 4 个方面进行阐述。阐述统计分析中将要使用的统计方法，根据相关理论提出了相关变量的测量题项，严格遵循科学的程序进行数据收集，对数据收集过程的描述，并对数据进行信效度检验来验证数据的质量，概念模型中各构念的测量量表信效度良好，说明通过大样本调查所获数据质量较好，各项适配度指标良好，可以进一步进行实证检验和分析，这为后期得到有效的研究结论奠定坚实的基础。

第七章　数据分析与结果讨论

旨在对概念模型进行拟合分析，并对研究假设进行检验，以验证第四章进行的理论分析和研究假设是否符合企业实际。运用 AMOS 软件对研究提出的整体模型及相关假设进行检验，对概念模型进行拟合分析，并对研究结果进行讨论。

第一节　基本模型检验

运用 AMOS18.0 来构建制造商与供应商合作关系深化的结构方程模型，通过验证模型的拟合程度，来验证本书所提出来的假设模型，拟合结果如图 7－1 所示。

由图 7－1 可见对供应商认同、供应商互补性能力、供应商合作力度、对以往合作满意、关系嵌入、合作质量、合作关系深化这 7 个变量的标准化载荷系数均在 0.001 水平上显著，标准化的因子载荷值都大于 0.5。表 7－1 为整体结构模型拟合分析的结果。模型的拟合度指标卡方自由度比为 1.737，介于 1 到 3 之间，表明样本数据和假设模型拟合。其他模型适配度指标，RMSEA 等于 0.043，GFI 等于 0.891，AGFI 等于 0.874，CFI 等于 0.964，NNFI 等于 0.932，NFI 等于 0.920，IFI 等于 0.965，各项常用拟合指标均达到理想数值要求，表明该拟合结果良好，整体结构模型的拟合度比较理想，所构建整体结构模型合适。进一步根据 AMOS 软件输出结果，检验自变量对因变量的直接效应用于判断研究假设是否得到支持。

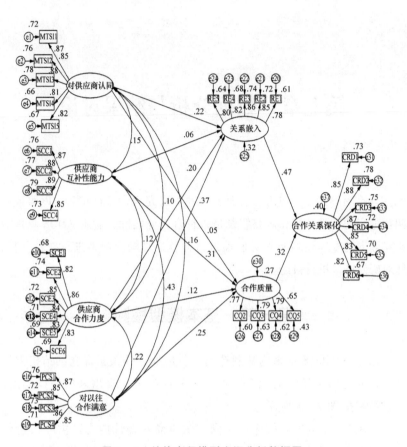

图 7 - 1　结构方程模型实证分析数据图

表 7 - 1　　　　　　　　　　整体结构模型拟合分析

拟合指标	理想数值区间	指标值	拟合情况
CMIN/DF	1 ~ 3	1.737	很好
GFI	大于 0.8	0.891	可以被接受
AGFI	大于 0.8	0.874	可以被接受
CFI	大于 0.9	0.964	很好
NNFI	大于 0.9	0.932	很好
NFI	大于 0.9	0.920	很好
IFI	大于 0.9	0.965	很好
RMSEA	小于 0.05	0.043	很好

　　表 7-2 为整体结构方程模型分析结果统计表，如表所示，制造商对供应商认同对关系嵌入有显著正向影响（标准化回归系数为0.218，P<0.001），因此 H1 获得支持；供应商互补性能力对关系嵌入有正向影响，但不显著（标准化回归系数为0.059，P=0.257>0.1），因此 H2 未通过；供应商合作力度对关系嵌入有显著正向影响（标准化回归系数为0.200，P<0.001），因此 H3 获得支持；制造商对以往合作满意对关系嵌入有显著正向影响（标准化回归系数为0.369，P<0.001），因此 H4 获得支持。

　　制造商对供应商认同对合作质量有正向影响，但不显著（标准化回归系数为0.047，P=0.356>0.1），因此 H5 未通过；供应商互补性能力对合作质量有显著正向影响（标准化回归系数为0.308，P<0.001），因此 H6 获得支持；供应商合作力度对合作质量有显著正向影响（标准化回归系数为0.115，P=0.024<0.05），因此 H7 获得支持；制造商对以往合作满意对合作质量有显著正向影响（标准化回归系数为0.248，P<0.001），因此 H8 获得支持。

　　关系嵌入对合作关系深化有显著正向影响（标准化回归系数为0.473，P<0.001），因此 H9 获得支持；合作质量对合作关系深化有显著正向影响（标准化回归系数为0.315，P<0.001），因此 H10 获得支持。

表 7-2　　　　　　　　　　结构方程模型分析结果统计表

			标准化回归系数	Estimate	S. E.	C. R.	P
关系嵌入	←	对供应商认同	0.218	0.144	0.032	4.558	＊＊＊
关系嵌入	←	供应商互补性能力	0.059	0.040	0.035	1.133	0.257
关系嵌入	←	供应商合作力度	0.200	0.161	0.039	4.167	＊＊＊
关系嵌入	←	对以往合作满意	0.369	0.341	0.052	6.587	＊＊＊
合作质量	←	对供应商认同	0.047	0.035	0.038	0.923	0.356
合作质量	←	供应商互补性能力	0.308	0.236	0.044	5.325	＊＊＊
合作质量	←	供应商合作力度	0.115	0.105	0.046	2.262	＊＊
合作质量	←	对以往合作满意	0.248	0.259	0.061	4.222	＊＊＊

			标准化回归系数	Estimate	S. E.	C. R.	P
合作关系深化	←	关系嵌入	0.473	0.620	0.066	9.335	＊＊＊
合作关系深化	←	合作质量	0.315	0.366	0.057	6.404	＊＊＊

注：＊＊＊表示 P < 0.001，表明估计值在 0.001 显著水平下显著；＊＊表示 P < 0.05，表明估计值在 0.05 显著水平下显著。

我们还使用总效果、直接效果和间接效果来显示变量间关系的路径系数，以进一步诠释变量间的影响效果。从表 7 - 3 可以看出，在影响因素对关系嵌入的影响中，制造商对以往合作满意对关系嵌入的影响最大（标准化路径系数为 0.369）；其次是制造商对供应商认同对关系嵌入的影响（标准化路径系数为 0.218）；再次是供应商合作力度对关系嵌入的影响（标准化路径系数为 0.200）；供应商互补性能力对关系嵌入的影响最小（标准化路径系数为 0.059）。

在影响因素对合作质量的影响中，供应商互补性能力对合作质量的影响最大（标准化路径系数为 0.308）；其次是对制造商以往合作满意对合作质量的影响（标准化路径系数为 0.248）；再次是供应商合作力度对合作质量的影响（标准化路径系数为 0.115）；制造商对供应商认同对合作质量的影响最小（标准化路径系数为 0.047）。

在关系嵌入和合作质量对合作关系深化的影响中，关系嵌入对合作关系深化的影响较大（标准化路径系数为 0.473）；合作质量对合作关系深化的影响较小（标准化路径系数为 0.315）。

表 7 - 3　　　　　　　总效果、直接效果与间接效果

	对供应商认同	供应商互补性能力	供应商合作力度	对以往合作满意	关系嵌入	合作质量	合作关系深化
	总效果						
	0.218	0.059	0.200	0.369	0.000	0.000	0.000
合作质量	0.047	0.308	0.115	0.248	0.000	0.000	0.000
合作关系深化	0.118	0.125	0.131	0.253	0.473	0.315	0.000

续表

	对供应商认同	供应商互补性能力	供应商合作力度	对以往合作满意	关系嵌入	合作质量	合作关系深化
	直接效果						
关系嵌入	0.218	0.059	0.200	0.369	0.000	0.000	0.000
合作质量	0.047	0.308	0.115	0.248	0.000	0.000	0.000
合作关系深化	0.000	0.000	0.000	0.000	0.473	0.315	0.000
	间接效果						
关系嵌入	0.000	0.000	0.000	0.000	0.000	0.000	0.000
合作质量	0.000	0.000	0.000	0.000	0.000	0.000	0.000
合作关系深化	0.118	0.125	0.131	0.253	0.000	0.000	0.000

第二节 模型确认与研究检验结果

通过对我国 408 份调研有效问卷分析，运用 SPSS18.0 和 AMOS 18.0 等统计软件和方法分析，验证制造商与供应商合作关系深化机理的概念模型。实证结果表明，本书所提的研究假设从整体上得到很好的验证，较好地解释了制造商与供应商合作关系深化机理，完善概念模型，深入阐释制造商与供应商合作关系深化的影响因素。研究结论不仅对制造商与供应商合作关系的研究做出一定贡献，也为制造商有效管理供应商提供必要的指导意义。

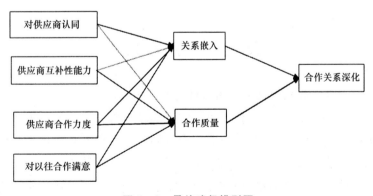

图 7-2 最终路径模型图

本书结合第五章提出的研究假设和图中各变量间的影响关系，以及相对应统计检验结果，对研究假设进行总结。如表 7-4 研究假设汇总所示，在全部 10 个研究假设中，有 8 条路径得到实证数据的支持，有 2 个研究假设没有获得支持，分别是："供应商互补性能力对关系嵌入具有正向影响（H2）"；"对供应商认同合作质量具有正向影响（H5）"。

表 7-4 研究假设汇总

假设	假设内容	预期方向	结论
H1	制造商对供应商认同对关系嵌入具有正向影响	+	支持
H2	供应商互补性能力对关系嵌入具有正向影响	+	不支持
H3	供应商合作力度对关系嵌入具有正向影响	+	支持
H4	制造商对以往合作满意对关系嵌入具有正向影响	+	支持
H5	制造商对供应商认同对合作质量具有正向影响	+	不支持
H6	供应商互补性能力对合作质量具有正向影响	+	支持
H7	供应商合作力度对合作质量具有正向影响	+	支持
H8	制造商对以往合作满意对合作质量具有正向影响	+	支持
H9	关系嵌入对合作关系深化具有正向影响	+	支持
H10	合作质量对合作关系深化具有正向影响	+	支持

第三节　结果讨论

一　合作关系深化影响因素对关系嵌入的影响

H1—H4 探讨的是合作关系深化影响因素对关系嵌入的影响。其中 H1 通过验证，即制造商对供应商认同对关系嵌入具有显著的正向影响。制造商对供应商认同是对供应商在行业中获得的对其合作行为和绩效的一种综合认知和评价，认同是供应商的优质资产，意味着该供应商是可信、可靠、诚实和有善意的。对供应商认同很容易在行业内传开，在制造商与供应商合作关系深化过程中，这种印象可以显著降低供应商采取机会主义行为的可能性，增强制造商与供应商间关系互动行为，创造一种可信赖的氛围，从而提高制造商与供应商的关系嵌入水平。这与现有研究结果完全一致。Bartikowski 等（2010）提出制造商对供应商认同是随着时间的流逝，制造商基于直接经验、供应商关系行为及其主要竞争对手对供应商评价等相关信息对供应商做出的全面性评价。制造商对供应商的认同度较高时，就容易产生对该供应商的信任，增加双方互动，提高关系嵌入水平。H2 没有通过验证，即供应商互补性能力对关系嵌入没有显著的正向影响。较为合理的解释是关系嵌入强调制造商与供应商之间的长期互动，其过程涉及更多的是特定二元关系的质量水平以及制造商与供应商之间的情感高低问题。供应商互补性能力是供应商能在多大程度上提供独特的能力、知识和资源以弥补制造商资源不足和提高其运作绩效。因此供应商互补性能力能在很大程度上弥补制造商运作能力不足的问题，帮助制造商开展仅靠自身能力无法开展的业务，进而拓展其业务范围，提高制造商的运营效率。因此在制造商与供应商合作实践中，供应商互补性能力被视为能够创造竞争优势和提高制造商运作绩效的潜在驱动力。但是由于对双方互动过程关注不足，导致互动质量不高，不能很好地解决制造商与供应商合作情感的问题，因此对关系嵌入水平影响不显著。

H3 通过验证，即供应商合作力度对关系嵌入具有显著的正向影响。供应商合作力度是供应商是否能够根据制造商需求做出相应调整的具体表现，是供应商将专业知识和技能、技术诀窍等资源服务于制造商的运营过程，旨在满足制造商需求的各种行为。供应商合作力度代表其对关系持续性的正面预期，有助于其减少投机行为，供应商通过建立关系专用性适应来赢得制造商的认同、信任和满意，有助于提升双方的关系嵌入性。H4 通过验证，即制造商对以往合作满意对关系嵌入具有显著的正向影响。制造商对以往合作满意是制造商对供应商过去、现在以及未来关系能力感知的一种预判，是能给制造商提供超值的经济利益、获取重要资源和满足社会兼容性的重要保证。信号理论认为，对以往合作满意作为一种可识别和可信任的信息来源，意味着供应商具有较高水平产品和服务的质量能力、交付能力、研发能力等。对供应商的合作满意是制造商选择合作伙伴的重要参考依据，意味着选择该种供应商作为合作伙伴能给制造商带来更大的预期关系收益。对供应商合作满意能够激励制造商为合作关系自愿付出努力，让制造商意识到其战略目标的实现取决于其诱导供应商对关系投入的能力，因此会增加关系嵌入水平。这与现有研究结果基本一致。Whipple 等[34]认为，制造商只有觉得以往合作是满意的，才会采取行动与该供应商进行全面互动，投入资源并逐渐嵌入这种合作关系中。制造商对以往合作满意会最终影响双方合作关系满意度，使得制造商对供应商产生信任和做出承诺，提高双方关系嵌入水平。

二　合作关系深化影响因素对合作质量的影响

H5—H8 探讨的是合作关系深化影响因素对合作质量的影响。其中 H5 没有通过验证，即制造商对供应商认同对合作质量没有显著的正向影响。较为合理的解释是目前对于我国制造行业而言，如何评价对供应商认同水平的高低，即对供应商认同评价机制建立不完善可能是重要原因之一。由于信息不对称性和监管机制的缺失，我国制造行业内对供应商认同的评价指标不能客观真实地反映供应商的实际情况，这些指标选择和评价有很大的"暗箱"操作成分，造成即便是认同度较高的供应商，保持其合作行为一致性程度也较低，因此影响制造商与供应商的合作质量。H6 通过验证，即供应商互补性能力对合作质量有显著的正向影响。供应商互补性能力反映的是供应商是否具备能够提供独特能力、知识和资源以使合作关系顺利得以深化。资源依赖理论认为，制造商应该尽量建立互补性的合作关系，以获得来自供应商的互补性资源和能力，通过对资源识别、获取和利用使得制造商对供应商产生依赖感，有助于提高合作质量。现有研究也证实了这一点。Yan 和 Dooley[102]提出，由于制造商感知到对供应商互补性能力的依赖，因此更注重双方在合作中的协调和冲突解决技巧，培养双方能够共同解决问题的氛围，从而提高双方合作质量。

H7 通过验证，即供应商合作力度对合作质量有显著的正向影响。供应商合作力度能够增强制造商与供应商之间的相互了解，使得供应商能够更好地理解制造商的战略意图。制造商也可以有效确定供应商存在的具体问题，并通过有效沟通，在双方认可的情况下对供应商下一步绩效和能力的改进提出相应措施，因此可以提高双方的合作质量。Yan 和 Dooley[102] 研究了在合作研发过程中，制造商与供应商关系质量的前因以及对新产品设计质量和设计效率的影响。作者提出假设并实证检验了供应商合作力度对合作质量有显著的正向影响。H8通过验证，即制造商对以往合作满意对合作质量具有显著的正向影响。社会交换理论认为，制造商与供应商合作质量的好坏源自制造商对以往合作满意的感知，选择一个"好"的供应商可以为日后双方顺利合作和提高合作质量提供保障，并方便后续治理机制的设计。对以往合作满意有助于制造商对供应商综合能力形成一个正面的前瞻性认识和评价，这种印象有助于制造商对供应商未来关系行为产生积极的心理预期，减少双方在合作中的冲突和摩擦，建立与供应商的互动惯例，从而提高合作质量。

三 关系嵌入对合作关系深化的影响

H9 通过验证，即关系嵌入对合作关系深化有显著的正向影响。关系嵌入注重制造商与供应商间二元关系的互动过程，凭借与供应商的网络性联接以得到更多的信息和知识资源。制造商通过强有力的、社会化的关系网络对供应商行为效益产生共同理解，进而影响供应商的关系行为。因此关系嵌入的实质是掌控与供应商的交易质量，如供应商行为、目标兼容性与需求匹配程度等。与简单的重复性交易关系有所不同，关系嵌入注重营造制造商与供应商间相互信赖的氛围，旨在增强双方信息与资源共享程度。此外，关系嵌入还可以作为一种治理机制控制供应商机会主义行为、协调解决相关问题、降低信息成本以及动态监测关系的实施情况，这些方面均有助于制造商与供应商合作关系的深化。这与现有的研究结果基本一致。Gulati 等（2006）指出关系嵌入强调合作伙伴间持续性互动行为所产生的紧密联结性关系，这种联结性关系为制造商与供应商搭建一个相互交流和沟通的平台，方便合作双方相互学习并逐步了解对方是否值得信任，进而决定双方是否进一步合作。Rothaermel（2001）认为关系嵌入是在制造商与供应商长期合作过程中逐步形成的，随着关系嵌入水平的提高，双方愿意交换和共享信息和知识，相互支持和进行专用性投资，由此增加双方合作的持续性和稳定性。

四　合作质量对合作关系深化的影响

H10 通过验证，即合作质量对合作关系深化有显著的正向影响。合作质量是指合作成员在多大程度上可以有效地互动。在合作中，制造商与供应商通过互动促进共同任务的完成、协调双方相互依存活动和共创知识，这些互动行为包括双向的沟通、适应变化、响应需求以及共同配置双方的共有资源。这些互动类型的质量决定合作双方是否可以协同开发资源，如设备、设施、技术诀窍、人力资源和金融资产，以便共同完成任务。合作质量高意味着合作双方建立了良好的互动惯例，通过日常化互动，制造商与供应商可以频繁接触，持续分享各自拥有的信息和知识资源，在此过程中，制造商与供应商之间建立相互信任和问题解决机制，共同解决合作中双方面临的问题，及时处理双方的纷争和冲突，增强双方对未来关系的合作意愿，奠定双方未来合作关系深化的良好基础。这与现有研究结果基本一致。Heimeriks 和 Schreiner（2012）研究了制造商与供应商之间战略联盟的形成机制，提出双方合作质量对战略联盟形成有非常重要的影响，并实证检验了合作质量对联盟绩效的正向影响效应。基于先前研究，Yan 和 Dooley（2014）的实证研究结果发现，在制造商新产品开发过程中，合作质量有利于制造商与供应商合作关系的深化，从而提高研发项目成功的概率。

第四节　本章小结

对第六章提出的概念模型进行实证分析，并对研究假设进行检验，得出本书的理论贡献和实践意义。实证结果验证了本书所提出的大部分研究假设。在 10 个研究假设中，有 8 个研究假设得到实证数据的支持，有 2 个研究假设没有获得支持，分别是：供应商互补性能力对关系嵌入具有正向影响（H2）；制造商对供应商认同对合作质量具有正向影响（H5）。本节的研究结果说明所提研究假设较为符合我国制造商的实际情况。

第八章　研究结论与展望

第一节　研究主要工作及结论

一　研究主要工作

本书研究主题是制造商与供应商的合作关系深化机理，由于制造商与供应商处于不对等的地位，决定是否进行合作关系深化的关键是制造商。因此，研究问题可以进一步细化为制造商愿不愿意与供应商进行合作关系深化，这取决于两个方面的内容：制造商对供应商行为以及制造商对双方以往合作的感知水平。在研究已有文献并在探索性研究的基础上，本书提出供应商合作力度、供应商互补性能力、制造商对供应商认同和制造商对以往合作满意作为影响合作关系深化的关键因素。其中，供应商合作力度和互补性能力集中反映制造商对供应商行为的感知，制造商对供应商认同和对以往合作满意集中反映双方以前的合作水平。通过对以上问题的解答，清晰揭示合作关系深化中各研究变量间的相关关系，在理论上丰富合作关系的相关研究，为今后制造商有效管理供应商，充分利用供应商资源提供理论借鉴。

本书主要完成以下研究工作：

第一，对制造商与供应商合作关系、合作关系深化及影响因素等进行文献综述。此部分侧重对本书研究所涉及的相关文献进行归纳和总结，并根据研究内容和问题，对现有研究中已论证的各变量间关系做相应梳理和概括，为后续概念模型的提出和实证研究奠定基础。

第二，在文献综述的基础上，结合研究内容和研究问题，以我国制造商为研究对象，基于扎根理论的研究方法探析制造商与供应商合作关系深化的结构维度，并基于探索性因子研究分析了影响制造商与供应商合作关系深化的关键因素。

第三，在此基础上，通过理论分析提出本书研究的分析框架，构建研究的理论模型并提出相关研究假设。

第四，基于研究假设进行实证研究设计，包括本书构念的测度及问卷编制，问卷调查发放以及实证研究方法和程序设计。

第五，采用 SPSS 18.0 和 AMOS 18.0 统计软件对本书所涉及 7 个构念的信度和效度进行验证，并对整体量表的信效度进行进一步验证。

第六，采用 AMOS 18.0 统计软件对研究假设进行实证分析，检验合作关系深化的作用机理，明确影响的关系、路径和强度，得到本书研究结果，并对结果进行进一步分析。

二 研究结论

具体而言，本书的主要结论如下：

第一，制造商与供应商合作关系深化包含 3 个维度，即制造商关系行为、供应商关系行为和双方合作关系规范。制造商关系行为包括契约承诺和制造商支持，供应商关系行为包括优先客户地位和关系专用性投资，双方合作关系规范包括规范共识和未来合作意愿。所开发量表具有良好信度和效度。

第二，制造商与供应商合作关系深化的影响因素包括制造商对供应商认同、供应商互补性能力、供应商合作力度以及制造商对以往合作满意。通过对现有文献的研究，从理论上提出了一些制造商与供应商合作关系深化的影响因素。结合企业深度访谈和问卷调研，运用探索性因子分析法，得出合作关系深化的关键影响因素，并对量表的信度和效度进行检验。从理论上回答"哪些因素会影响制造商与供应商合作关系深化"的问题，解释了合作关系深化为何会发生。

第三，揭示了各因素通过关系嵌入和合作质量对制造商与供应商合作关系深化的影响机理。在影响因素对关系嵌入的影响效应中，制造商对供应商认同对关系嵌入有显著正向影响；供应商互补性能力对关系嵌入有正向影响，但不显著；供应商合作力度对关系嵌入有显著正向影响；制造商对以往合作满意对关系嵌入有显著正向影响。在影响因素对合作质量的影响效应中，制造商对供应商认同对合作质量有正向影响，但不显著；供应商互补性能力对合作质量有显著正向影响；供应商合作力度对合作质量有显著正向影响；制造商对以往合作满意对合作质量有显著正向影响。关系嵌入对合作关系深化有显著正向影响；合作质量对合作关系深化有显著正向影响。本书研究结果推进了制造商与供应商合作关系深化的研究，丰富了合作关系理论，为制造商有效利用供应商资源、管理供应商行为提供理论借鉴和实践指导。

第三节　研究局限与未来研究展望

基于对现有研究文献的梳理，界定制造商与供应商合作关系深化的概念及特征，明确合作关系深化的结构维度，识别合作关系深化的关键影响因素，以及对这些因素如何影响合作关系深化的问题做出细致和系统的探讨，并得出一些重要的研究结论。然而本书不可避免地存在一些局限性，需要进一步深入，这些问题也在某种程度上影响结论的有效性，同时，认真分析本书不足也有助于今后相关研究的进一步深入和发展，具体而言有如下几点：

第一，制造商与供应商合作关系深化是一个持续动态的过程，通过探索性因子分析提取的影响因素数量有限。基于已有研究成果，本书提出影响合作关系深化的 4 个因素，分析这些因素对合作关系深化的影响作用。这些因素有助于在已有研究基础上进一步理解合作关系深化的原因。然而，是否还存在其他影响因素，有待于进一步研究。同时，在合作深化过程中，制造商与供应商之间存在相互博弈的情况，考虑在此种情境中制造商与供应商合作关系深化如何实现也是本书的研究局限，有待于后续研究。

第二，有待于进一步探索各个因素对合作关系深化的作用机理。本书初步分析并检验各个影响因素间的作用机理。因素间可能存在更为复杂的影响关系，一些因素也可能起调节作用。此外，本书只是从关系嵌入和合作质量视角解释了各个因素如何影响制造商与供应商合作关系深化，未来研究可以从其他理论视角加以分析，以得出更全面的研究结论。

第三，本书旨在探寻制造商与供应商合作关系深化机理的共性。在收集数据时，涵盖专用设备制造业、通用设备制造业、通信设备制造业和交通运输设备制造业等，未针对某个特定行业展开研究。某个特定行业可能具有不同于其他行业的特点，具有某些独特性。

因此，在未来研究中，可从其他理论视角，继续探索影响制造商与供应商合作关系深化的因素，并分析这些因素的作用机理，以推进制造商与供应商合作关系深化的相关研究，为制造商有效管理供应商关系活动进一步提供理论借鉴。

附　　录

附录一　制造商与供应商合作关系深化影响
　　　　因素的研究访谈提纲

尊敬的先生/女士：

您好！

本课题正在进行制造商与供应商合作关系深化影响因素的研究。下表是已有学者对各因素开发的测量量表，请根据你们的认识，对题项设计的合理性、完整性以及表述的准确性、易懂性发表评论，并对存在的问题提出意见。对你们的辛勤劳动和付出，表示由衷的感谢！

题项编号	题项内容
Q1	供应商 A 有着与我们相似的企业文化
Q2	供应商 A 一直经营稳定，财务状况良好
Q3	在合作过程中，供应商 A 一直坚持公平交易的原则
Q4	在合作过程中，供应商 A 经常为我们着想
Q5	在合作过程中，供应商 A 一直奉行诚实守信的原则
Q6	在合作过程中，供应商 A 一直是值得信赖的
Q7	供应商 A 在业界享有较高的社会地位
Q8	供应商 A 在合作中贡献不同的资源，这种资源互补性帮助我们得到更好的合作绩效
Q9	供应商 A 与我们各自强项的互补性提高合作绩效
Q10	供应商 A 有不同的能力，当双方将这些不同的能力运用在合作中，我们能得到更好的合作绩效

题项编号	题项内容
Q11	供应商 A 与我们的协同能力使得双方相关联的任务之间在实践和空间上都衔接得很好
Q12	供应商 A 的协同能力对双方关系深化必不可少
Q13	供应商 A 会调整生产能力以满足制造商的要求
Q14	供应商 A 会调整生产技术以满足制造商的要求
Q15	供应商 A 使用新的生产工具以满足制造商的要求
Q16	供应商 A 严格按照我们规定的交货期交货
Q17	供应商 A 会调整技术标准和规范以满足制造商的要求
Q18	供应商 A 会调整产品特性以满足制造商的要求
Q19	供应商 A 能始终如一地提供高质量产品
Q20	在以往的合作中供应商 A 能够提供有吸引力的产品和服务
Q21	在以往的合作中供应商 A 为了完成合作目标尽心尽力
Q22	在以往的合作中我们与供应商 A 的高层建立了良好的私人关系
Q23	我们认为和供应商 A 的以往合作结果是满意的

附录二　正式调查问卷

尊敬的女士/先生：

您好！

您好！非常感谢您在百忙中抽出时间来填写这份问卷！请您花十五分钟左右的时间，根据问卷的题项设置，结合您所在企业的实际情况，在相应的选项后打"√"。本问卷旨在探讨制造商与供应商合作关系深化机理。郑重声明：本项调研所得数据资料仅用于理论课题的研究，我们会对资料进行严格保密，问卷采取匿名填写的方式，请您放心作答。真诚感谢您的支持与合作！

第一部分　背景资料

下面是有关您个人以及您所在企业情况的描述，请根据实际情况做出选择。

1．学历：

A．高中及以下学历　B．大专　C．本科　D．硕士及以上

2．工作年限：

A．1—5 年　B．6—10 年　C．11—15 年　D．16～20 年　E．20 年以上

3．工作职务

A．企业高管　B．部门经理　C．采购人员　D．研发人员

E．项目经理　F．供应商管理人员

4．企业性质：

A．国有控股　B．民营企业　C．中外合资　D．外商独资

E．股份制（非国有控股）

5．企业规模：

A．400 人以下　B．400—2000 人　C．2000 人以上

6．行业类型

A．通用设备制造（锅炉及原动机、金属加工机械、起重运输设备、压缩机、电炉、齿轮传动、通用零部件、金属加工等通用设备制造）

B．专用设备制造（矿山、冶金、建筑、化工、食品加工、印刷、制药、纺织、医疗器械等专用设备制造）

C．交通运输设备制造（汽车、航空航天器、铁路运输、船舶、交通器材等设备制造）

D．电气机械及器材制造（输配电及控制、电机、电工器材、电池等电气设备制造）

E．通信设备、计算机及电子设备制造（通信、雷达、广播电视、计算机、电子器件等设备制造）

F．仪器仪表及文化、办公用设备制造（通用或专用仪器仪表、

钟表及计时仪器、光学仪器等设备制造）

G. 其他

7. 企业所在地＿＿＿＿＿＿＿＿

第二部分

请您根据亲身的经验和感受，选择相应的选项，在最接近的数字上画 "√"。若您认为该陈述 "完全不同意"，请选 " [1]"，若您认为该陈述在选择供应商时 "完全同意"，请选 "[7]"，其余类推。其中（[1] = 完全不同意；[2] = 一般不同意；[3] = 有点不同意；[4] = 不好说；[5] = 有点同意；[6] = 一般同意；[7] = 完全同意）。您若是在电脑上直接选择，请把相应选项改成红色即可。

1. 供应商 A 在业界享有较高的社会地位　　　　　[1] [2] [3] [4] [5] [6] [7]

2. 在合作过程中，供应商 A 一直奉行诚实守信的原则　[1] [2] [3] [4] [5] [6] [7]

3. 在合作过程中，供应商 A 一直坚持公平交易的原则　[1] [2] [3] [4] [5] [6] [7]

4. 供应商 A 一直经营稳定，财务状况良好　　　　[1] [2] [3] [4] [5] [6] [7]

5. 供应商 A 有着与我们相似的企业文化　　　　　[1] [2] [3] [4] [5] [6] [7]

6. 供应商 A 在合作中贡献不同的资源，这种资源互补性帮助我们得到更好的合作绩效　　　　　　　　　[1] [2] [3] [4] [5] [6] [7]

7. 供应商 A 与我们各自强项的互补性提高合作绩效　[1] [2] [3] [4] [5] [6] [7]

8. 供应商 A 有不同的能力，当双方将这些不同的能力运用在合作中，我们能到更好的合作绩效　　　　　[1] [2] [3] [4] [5] [6] [7]

9. 供应商 A 与我们的协同能力使得双方相关联的任务之间在实践和空间上都衔接得很好　　　　　　　　[1] [2] [3] [4] [5] [6] [7]

10. 供应商 A 的交货执行能力对双方关系深化必不可少　[1] [2] [3] [4] [5] [6] [7]

11. 供应商 A 能始终如一地提供高质量产品　　　　[1] [2] [3] [4] [5] [6] [7]

12. 供应商 A 会调整产品特性以满足我们的要求　　[1] [2] [3] [4] [5] [6] [7]

13. 供应商 A 会调整技术标准和规范以满足我们的要求　[1] [2] [3] [4] [5] [6] [7]

14. 供应商 A 使用新的生产工具以满足我们的要求　[1] [2] [3] [4] [5] [6] [7]

15. 供应商 A 会调整生产技术以满足我们的要求　　[1] [2] [3] [4] [5] [6] [7]

16. 供应商 A 会调整生产能力以满足我们的要求　　[1] [2] [3] [4] [5] [6] [7]

17. 供应商 A 能够提供有吸引力的产品和服务，我们认为和供应商 A 在合作中双方人员间交往是公平的　[1] [2] [3] [4] [5] [6] [7]

18. 供应商 A 为了完成合作目标尽心尽力，我们认为和供应商 A 的合作过程是公平的　[1] [2] [3] [4] [5] [6] [7]

19. 我们与供应商 A 的高层建立了良好的私人关系，我们认为和供应商 A 在合作中获得的经济收益是公平的　[1] [2] [3] [4] [5] [6] [7]

20. 我们与供应商 A 的高层建立了良好的私人关系，我们认为和供应商 A 的合作结果是公正的　[1] [2] [3] [4] [5] [6] [7]

21. 我们与供应商 A 的合作时间较长　[1] [2] [3] [4] [5] [6] [7]

22. 在合作中我们与供应商 A 之间的感情越来越深　[1] [2] [3] [4] [5] [6] [7]

23. 在合作中我们与供应商 A 之间的关系越来越亲密　[1] [2] [3] [4] [5] [6] [7]

24. 在合作中我们与供应商 A 之间相互提供互惠性服务　[1] [2] [3] [4] [5] [6] [7]

25. 我们的员工和供应商 A 的员工之间共享彼此亲密的社会关系　[1] [2] [3] [4] [5] [6] [7]

26. 我们由衷地感谢供应商 A 为我们所做的一切　[1] [2] [3] [4] [5] [6] [7]

27. 在与供应商 A 的合作过程中，我们能够相互支持　[1] [2] [3] [4] [5] [6] [7]

28. 在与供应商 A 的合作过程中，我们注重沟通的质量　[1] [2] [3] [4] [5] [6] [7]

29. 在与供应商 A 的合作过程中，我们能够相互协调　[1] [2] [3] [4] [5] [6] [7]

30. 在与供应商 A 的合作过程中，我们都做出了最大的努力　[1] [2] [3] [4] [5] [6] [7]

31. 我们相信供应商 A 总是考虑能否使我们利益最大化　[1] [2] [3] [4] [5] [6] [7]

32. 在与供应商 A 的合作过程中，我们共享各自的技能和知识　[1] [2] [3] [4] [5] [6] [7]

33. 我们向供应商 A 保证双方签订的非招标性价格协议会得到有效执行　[1] [2] [3] [4] [5] [6] [7]

34. 我们向供应商 A 保证如果供应商能够改进绩效，我们将提供附加奖励，如提高采购量，增加预付款比例等　[1] [2] [3] [4] [5] [6] [7]

35. 我们向供应商 A 保证所有正式协议的内容将会不折不扣地执行到位　[1] [2] [3] [4] [5] [6] [7]

36. 我们会定期访问供应商 A 和互派工程师到对方工厂，并对供应商 A 的员工进行培训　[1] [2] [3] [4] [5] [6] [7]

37. 我们会对供应商提供技术支持和设备投资，在必要时会直接提供资金支持　[1] [2] [3] [4] [5] [6] [7]

38. 相对于其他制造商，供应商 A 会优先满足我们的供货需求　[1] [2] [3] [4] [5] [6] [7]

39. 相对于其他制造商，供应商 A 会优先考虑投入更多生产工具和设备来满足我们的需求　[1] [2] [3] [4] [5] [6] [7]

40. 供应商 A 为了我们改变了生产工艺和产品特性　　[1] [2] [3] [4] [5] [6] [7]

41. 供应商 A 为了我们改变了其物流系统　　[1] [2] [3] [4] [5] [6] [7]

42. 供应商 A 为我们做了大量的知识专用性投资　　[1] [2] [3] [4] [5] [6] [7]

43. 我们与供应商 A 拥有共同的目标和价值观　　[1] [2] [3] [4] [5] [6] [7]

44. 我们与供应商 A 形成了固定行为模式和一定的默契，
在共同解决问题和调节冲突时容易达成共识并趋于形成一[1] [2] [3] [4] [5] [6] [7]
致性想法

45. 我们与供应商 A 建立了长期合作的导向，这会增加双[1] [2] [3] [4] [5] [6] [7]
方在以后合作中的可能性

46. 我们愿意与供应商 A 在以后更多、更重要的项目中进[1] [2] [3] [4] [5] [6] [7]
行合作

感谢您的悉心作答！

参考文献

［1］曹智等:《供应链整合模式与绩效:全球视角》,《科学学与科学技术管理》2012 年第 7 期。

［2］陈向明:《扎根理论的思路和方法》,《教育研究与实验》1999 年第 4 期。

［3］程聪:《供应商网络关系,网络结构与结点活性——美的空调的案例研究》,《管理案例研究与评论》2012 年第 4 期。

［4］付启敏、刘伟:《供应链企业间合作创新的联合投资决策——基于技术不确定性的分析》,《管理工程学报》2011 年第 3 期。

［5］黄聿舟等:《供应商创新对提升装备制造企业自主创新能力的影响研究》,《软科学》2013 年第 10 期。

［6］黄聿舟、裴旭东:《构型理论视角下的供应商网络研究》,《求索》2015 年第 10 期。

［7］窦红宾、王正斌:《网络结构对企业成长绩效的影响研究——利用性学习,探索性学习的中介作用》,《南开管理评论》2011 年第 3 期。

［8］李柏洲、周森:《企业外部知识获取方式与转包绩效关系的研究——以航空装备制造企业为例》,《科学学研究》2012 年第 10 期。

［9］李瑶等:《治理机制的使用与分销商知识转移——环境不确定性的调节作用研究》,《科学学研究》2011 年第 12 期。

［10］李随成等:《供应商网络形态构念及实证研究》,《管理科学》2013 年第 3 期。

[11] 李随成等:《探索式与利用式产品创新的治理机制匹配研究》，《软科学》2015 年第 4 期。

[12] 李随成等:《供应商参与新产品开发的治理机制前置因素研究》，《管理评论》2014 年第 4 期。

[13] 李随成、杨婷:《供应商早期参与制造企业新产品开发的实证研究：供应商视角》，《管理评论》2011 年第 1 期。

[14] 李随成、禹文钢:《制造商对供应商长期导向的前因作用机理研究》，《管理科学》2011 年第 6 期。

[15] 刘婷、刘益:《交易专项投资对伙伴机会主义行为影响的实证研究》，《管理科学》2012 年第 1 期。

[16] 刘雪梅:《联盟组合：价值创造与治理机制》，《中国工业经济》2012 年第 6 期。

[17] 潘松挺、郑亚莉:《网络关系强度与企业技术创新绩效——基于探索式学习和利用式学习的实证研究》，《科学学研究》2011 年第 11 期。

[18] 裴旭东等:《模糊前端参与对突破性创新的影响研究》，《科学学研究》2015 年第 3 期。

[19] 裴旭东等:《供应商模糊前端参与对制造企业技术创新能力的影响》，《系统工程》2013 年第 12 期。

[20] 裴旭东等:《企业技术差异化能力提升机理研究》，《科技进步与对策》2015 年第 10 期。

[21] 熊世权等:《组织学习下供应商关系对产品创新绩效的影响——基于重庆地区汽车业的实证研究》，《科学学研究》2010 年第 12 期。

[22] 俞荣建、文凯:《揭开 GVC 治理"黑箱"：结构、模式、机制及其影响——基于 12 个浙商代工关系的跨案例研究》，《管理世界》2011 年第 8 期。

[23] 姚山季、王永贵:《顾客参与新产品开发对企业技术创新绩效的影响机制——基于 BB 情境下的实证研究》，《科学学与科学技术管理》2011 年第 5 期。

[24] Abratt R. , Kelly P. M. "Customer – supplier partnerships: Perceptions of a successful key account management program". *Industrial Marketing Management*, 2002, 31 (5): 467 – 476.

[25] Ahearne M. , Bhattacharya C. B. , Gruen T. "Antecedents and consequences of customer – company identification: Expanding the role of relationship marketing". *Journal of applied psychology*, 2005, 90 (3): 574 – 585.

[26] Ambrosini V. , Bowman C. , Collier N. "Dynamic capabilities: an exploration of how firms renew their resource base". *British Journal of Management*, 2009, 20 (s1): S9 – S24.

[27] Amesse F. , Dragoste L. , Nollet J. et al. . "Issues on partnering: evidences from subcontracting in aeronautics". *Technovation*, 2001, 21 (9): 559 – 569.

[28] Andersen P. H. , Christensen P. R. , Damgaard T. "Diverging expectations in buyer – seller relationships: Institutional contexts and relationship norms". *Industrial Marketing Management*, 2009, 38 (7): 814 – 824.

[29] Ates M. A. , Wynstra F. , van Raaij E. M. "An exploratory analysis of the relationship between purchase category strategies and supply base structure". *Journal of Purchasing and Supply Management*, 2015, 21 (3): 204 – 219.

[30] Azadegan A. "Benefiting from supplier operational innovativeness: the influence of supplier evaluations and absorptive capacity". *Journal of Supply Chain Management*, 2011, 47 (2): 49 – 64.

[31] Azadegan A. , Dooley K. J. , Carter P. L. et al. . "Supplier innovativeness and the role of interorganizational learning in enhancing manufacturer capabilities". *Journal of Supply Chain Management*, 2008, 44 (4): 14 – 35.

[32] Bai X. , Sheng S. , Li J. J. "Contract governance and buyer – supplier conflict: The moderating role of institutions". *Journal of Oper-*

ations Management, 2016, 41: 12 – 24.

[33] Baker T. L. , Simpson P. M. , Siguaw J. A. "The impact of suppliers´ perceptions of reseller market orientation on key relationship constr ucts". *Journal of the Academy of Marketing Science*, 1999, 27 (1): 50 – 57.

[34] Barden J. Q. , Mitchell W. "Disentangling the influences of leaders´ relational embeddedness on interorganizational exchange". *Academy of Management Journal*, 2007, 50 (6): 1440 – 1461.

[35] Baxter R. "How can business buyers attract sellers´ resources?: Empirical evidence for preferred customer treatment from su ppliers". *Industrial Marketing Management*, 2012, 41 (8): 1249 – 1258.

[36] Bantham J. H. , Celuch K. G. , Kasouf C. J. "A perspective of partnerships based on interdependence and dialectical th eory". *Journal of Business Research*, 2003, 56 (4): 265 – 274.

[37] Bercovitz J. , Jap S. D. , Nickerson J. A. "The antecedents and performance implications of cooperative exchange no rms". *Organization Science*, 2006, 17 (6): 724 – 740.

[38] Beske – Janssen P. , Johnson M. P. , Schaltegger S. "20 years of performance measurement in sustainable supply chain management – what has been achieved?". *Supply Chain Management: An International Journal*, 2015, 20 (6): 664 – 680.

[39] Billitteri, C. , Lo Nigro, G. , Perrone, G. "Drivers influencing the governance of inter – firm relationships in the biopharmaceutical industry: an empirical survey in the Italian context". *Technology Analysis & Strategic Management*, 2013, 25 (1): 107 – 126.

[40] Bleeke J. , Ernst D. "The way to win in cross – border alliances". *Harvard Business Review*, 1990, 69 (6): 127 – 135.

[41] Blonska A. , Storey C. , Rozemeijer F. et al. . "Decomposing the effect of supplier development on relationship benefits: The role of

relational capital". *Industrial Marketing Management*, 2013, 42 (8): 1295 - 1306.

[42] Bode C. , Wagner S. M. "Structural drivers of upstream supply chain complexity and the frequency of supply chain disru ptions". *Journal of Operations Management*, 2015, 36: 215 - 228.

[43] Bollen K. A. "A new incremental fit index for general structural e-quation models". Sociological Methods & Research, 1989, 17 (3): 303 - 316.

[44] Bonner J. M. , Calantone R. J. "Buyer attentiveness in buyer - supplier relationships". *Industrial Marketing Management*, 2005, 34 (1): 53 - 61.

[45] Bonner J. M. , Walker O. C. "Selecting influential business-to-busi-ness customers in new product development: relational embedded-ness and knowledge heterogeneity considerations". *Journal of Prod-uct Innovation Management*, 2004, 21 (3): 155 - 169.

[46] Bouncken R. B. , Clau T. , Fredrich V. "Product innovation through coopetition in alliances: Singular or plural governance?". *Industrial Marketing Management*, 2016, 53: 77 - 90.

[47] Brandon - Jones E. , Squire B. , Van Rossenberg Y. G. "The im-pact of supply base complexity on disruptions and performance: the moderating effects of slack and visibility". *International Journal of Production Research*, 2015, 53 (22): 6903 - 6918.

[48] Burkert M. , Ivens B. S. , Shan J. "Governance mechanisms in do-mestic and international buyer - supplier relationships: An empiri-cal stu dy". *Industrial Marketing Management*, 2012, 41 (3): 544 - 556.

[49] Buvik A. , Andersen O. , Gronhaug K. "Buyer control in domestic and international supplier - buyer relationships". *European Journal of Marketing*, 2014, 48 (3/4): 722 - 741.

[50] Cai S. , Yang Z. , Jun M. "Cooperative norms, structural mechanisms,

and supplier performance: Empirical evidence from Chinese manufacturers". *Journal of Purchasing and Supply Management*, 2009.

[51] Cai S. , Yang Z. "Development of cooperative norms in the buyer – supplier relationship: The chinese experience". *Journal of Supply Chain Management*, 2008, 44 (1): 55 – 70.

[52] Cannon J. P. , Homburg C. "Buyer – supplier relationships and customer firm costs". *Journal of Marketing*, 2001, 65 (1): 29 – 43.

[53] Cannon J. P. , Perreault Jr W. D. "Buyer – seller relationships in business markets". *Journal of marketing research*, 1999, 36 (4): 439 – 460.

[54] Cao M. , Zhang Q. "Supply Chain Collaboration: Impact on Collaborative Advantage and Firm Performance". *Journal of Operations Management*, 2011, 29 (3): 163 – 180.

[55] Caruana A. , Ewing M. T. "How corporate reputation, quality, and value influence online loyalty". *Journal of Business Research*, 2010, 63 (9): 1103 – 1110.

[56] Carter C. R. , Rogers D. S. , Choi T. Y. "Toward the theory of the supply chain". *Journal of Supply Chain Management*, 2015, 51 (2): 89 – 97.

[57] Chang M. L. , Cheng C. F. , Wu W. Y. "How Buyer – Seller Relationship Quality Influences Adaptation and Innovation by Foreign MNCs' Subsidiaries". *Industrial Marketing Management*, 2012, 41 (7): 1047 – 1057.

[58] Chung S. A. , Singh H. , Lee K. "Complementarity, status similarity and social capital as drivers of alliance formation". *Strategic Management Journal*, 2000, 21 (1): 1 – 22.

[59] Choi T. Y. , Krause D. R. "The supply base and its complexity: Implications for transaction costs, risks, responsiveness, and innovation". *Journal of Operations Management*, 2006, 24 (5):

637 – 652.

[60] Claycomb C. , Frankwick G. L. "Buyers´ perspectives of buyer – seller relationship development". *Industrial Marketing Management*, 2010, 39 (2): 252 – 263.

[61] De Clercq D. , Thongpapanl N. T. , Dimov D. "Structural and relational influences on the role of reward interdependence in product innovation". *R&D Management*, 2015, 45 (5): 527 – 548.

[62] De Lurdes Veludo M. , Macbeth D. K. , Purchase S. "Partnering and relationships within an international network context". *International Marketing Review*, 2004, 21 (2): 142 – 157.

[63] Dhanaraj C. , Lyles M. A. , Steensma H. K. et al. . "Managing tacit and explicit knowledge transfer in IJVs: the role of relational embeddedness and the impact on performance". *Journal of International Business Studies*, 2004, 35 (5): 428 – 442.

[64] Duffy R. S. "Towards a better understanding of partnership attributes: An exploratory analysis of relationship type classification". *Industrial Marketing Management*, 2008, 37 (2): 228 – 244.

[65] Duffy R. , Fearne A. "The impact of supply chain partnerships on supplier performance". *The International Journal of Logistics Management*, 2004, 15 (1): 57 – 72.

[66] Dunn S. C. , Seaker R. F. , Waller M. A. "Latent variables in business logistics research: scale development and validation". *Journal of Business Logistics* , 1994, 15 (2): 145.

[67] Dwyer F. R. , Schurr P. H. , Oh S. "Developing buyer – seller relationships". *The Journal of marketing*, 1987, 52 (2): 11 – 27.

[68] Dyer J. H. , Hatch N. W. "Relation – specific capabilities and barriers to knowledge transfers: Creating advantage through network relationships". *Strategic Management Journal*, 2006, 27 (8): 701 – 719.

[69] Dyer J. H. , Hatch N. W. "Using supplier networks to learn faster". *MIT Sloan Management Review*, 2004, 45 (3): 57 – 63.

[70] Eisenhardt K. M. "Building theories from case study research". *Academy of Management Review*, 1989, 14 (4): 532 – 550.

[71] Ekici A. "Temporal dynamics of trust in ongoing inter – organizational relationships". *Industrial Marketing Management*, 2013, 42 (6): 932 – 949.

[72] Ellis S. C. , Henke Jr J. W. , Kull T. J. "The effect of buyer behaviors on preferred customer status and access to supplier technological innovation: An empirical study of supplier perceptions". *Industrial Marketing Management*, 41 (8): 1259 – 1269.

[73] Ellram L. M. "Supply – chain management: the industrial organisation perspective". *International Journal of Physical Distribution & Logistics Management*, 1991, 21 (1): 13 – 22.

[74] Ellram L. M. , Edis O. R. "A case study of successful partnering implementation". *International Journal of Purchasing and Materials Management*, 1996, 32 (3): 20 – 28.

[75] Essig M. , Amann M. "Supplier satisfaction: Conceptual basics and explorative findings". *Journal of Purchasing and Supply Management*, 2009, 15 (2): 103 – 113.

[76] Fawcett S. E. , McCarter M. W. , Fawcett A. M. et al. . "Why supply chain collaboration fails: the socio – structural view of resistance to relational strategies". *Supply Chain Management: An International Journal*, 2015, 20 (6): 648 – 663.

[77] Ford D. "The development of buyer – seller relationships in industrial markets". *European Journal of Marketing*, 1980, 14 (5/6): 339 – 353.

[78] Forrest J. E. , Martin M. "Strategic alliances between large and small research intensive organizations: experiences in the biotechnology industry". *R&D Management*, 1992, 22 (1): 41 – 54.

[79] Fynes B. , Voss C. , de Búrca S. "The impact of supply chain relationship dynamics on manufacturing performance". *International*

Journal of Operations & Production Management, 2005, 25 (1):
6 – 19.

[80] Fynes B. , Voss C. , de Búrca S. "The impact of supply chain rela-
tionship quality on quality performance". *International Journal of
Production Economics*, 2005, 96 (3): 339 – 354.

[81] Fynes B. , Voss C. "The moderating effect of buyer – supplier rela-
tionships on quality practices and performance". *International Jour-
nal of Operations & Production Management*, 2002, 22 (6):
589 – 613.

[82] Fynes B. , Paul Coughlan P. , von Haartman R. et al. "The impact
of global purchasing and supplier integration on product
innovation". *International Journal of Operations & Production Man-
agement*, 2015, 35 (9): 1295 – 1311.

[83] Gadde L. E. , Snehota I. "Making the most of supplier
relationships". *Industrial Marketing Management*, 2000, 29
(4): 305 – 316.

[84] Geiger I. , Durand A. , Saab S. et al. . "The bonding effects of re-
lationship value and switching costs in industrial buyer – seller rela-
tionships: An investigation into role differences". *Industrial Market-
ing Management*, 2012, 41 (1): 82 – 93.

[85] Gentry J. J. "Carrier involvement in buyer – supplier strategic part-
nerships". *Logistics Information Management*, 1996, 9 (6): 54 –
61.

[86] Gianiodis P. T. , Ellis S. C. , Secchi E. "Advancing a typology of
open innovation". *International Journal of Innovation Management*,
2010, 14 (4): 531 – 572.

[87] Glaser B. G. , Strauss A. L. , Strutzel E. "The Discovery of
Grounded Theory: Strategies for Qualitative Research". *Nursing
Research*, 1968, 17 (4): 364.

[88] Glass G. V. "Standards and criteria". *Journal of Educational*

Measurement, 1978, 15 (4): 237 – 261.

[89] Goffin K. , Lemke F. , Szwejczewski M. "An exploratory study of ' close' supplier – manufacturer relationships". *Journal of Operations Management*, 2006, 24 (2): 189 – 209.

[90] Gulati R. , Singh H. "The architecture of cooperation: Managing co-ordination costs and appropriation concerns in strategic al liances". *Administrative science quarterly*, 1998, 43 (4): 781 – 814.

[91] Gulati R. , Sytch M. "Dependence asymmetry and joint depend-ence in interorganizational relationships: Effects of embeddedness on a manufacturer's performance in procurement relationships". *Ad-ministrative Science Quarterly*, 2007, 52 (1): 32 – 69.

[92] Hagedoorn J. "Understanding the cross – level embeddedness of in-terfirm partnership formation". *Academy of Management Review*, 2006, 31 (3): 670 – 680.

[93] Hagedoorn J. "Research notes and communications a note on inter-national market leaders and networks of strategic technology partnering". *Strategic Management Jounal*, 1995, 16 (3): 241 – 250.

[94] Hagedoorn J. , Frankort H. T. "The gloomy side of embeddedness: The effects of overembeddedness on inter – firm partnership formation". *Advances in Strategic Management*, 2008, 25 (1): 503 – 530.

[95] Hald K. S. , Cord C. , Vollmann T. E. Towards an understanding of attraction in buyer – supplier relationships". *Industrial Marketing Management*, 2009, 38 (8): 960 – 970.

[96] Handfield R. B. , Ragatz G. L. , Peterson K. J. et al. "Involving suppliers in new product development?". *California Management Review*, 1999, 42 (1): 59 – 82.

[97] Harris L. C. , O'malley L. , Patterson M. "Professional interaction: Exploring the concept of attraction". *Marketing Theory*, 2003, 3

（1）：9 - 36.

[98] Hartley J. L. , Zirger B. J. , Kamath R. R. "Managing the buyer - supplier interface for on - time performance in product dev elopment". *Journal of Operations Management*, 1997, 15 （1）：57 - 70.

[99] Heide J. B. , John G. "Do norms matter in marketing relati onships?". *The Journal of Marketing*, 1992, 56 （6）：32 - 44.

[100] Heimeriks K. , Schreiner M. "Alliance capability, collaboration quality, and alliance performance: an integrated fra mework". *Eindhoven Center for Innovation Studies*, 2002, 41 （1）：31 - 49.

[101] Hillebrand B. , Biemans W. G. "Links between Internal and Exter-nal Cooperation in Product Development: An Exploratory Study". *Journal of Product Innovation Management*, 2004, 21 （2）：110 - 122.

[102] Hoegl M. , Gemuenden H. G. "Teamwork quality and the success of innovative projects: A theoretical concept and empirical evidence". *Organization Science*, 2001, 12 （4）：435 - 449.

[103] Hoegl M. , Weinkauf K. , Gemuenden H. G. "Interteam coordina-tion, project commitment, and teamwork in multiteam R&D pro-jects: A longitudinal study". *Organization Science*, 2004, 15 （1）：38 - 55.

[104] Hoegl M. , Wagner S. M. "Buyer - supplier collaboration in prod-uct development projects". *Journal of Management*, 2005, 31 （4）：530 - 548.

[105] Homans G. C. "Social behavior as exchange". *American Journal of Sociology*, 1958, 63 （6）：597 - 606.

[106] Hong Y. S. , Hartley J. L. "Managing the Supplier - supplier In-terface in Product Development: the Moderating Role of Technolog-ical Newness". *Journal of Supply Chain Management*, 2011, 47 （3）：43 - 62.

[107] Hong Y. , Pearson J. N. , Carr A. S. "A typology of coordination strategy in multi – organizational product develop ment". *International Journal of Operations & Production Management*, 2009, 29 (10): 1000 – 1024.

[108] Huang Y. , Wilkinson I. F. "The dynamics and evolution of trust in business relationships". *Industrial Marketing Management*, 2013, 42 (3): 455 – 465.

[109] Hüttinger L. , Schiele H. , Veldman J. "The drivers of customer attractiveness, supplier satisfaction and preferred customer status: A literature review". *Industrial Marketing Management*, 2012, 41 (8): 1194 – 1205.

[110] Inkpen A. C. , Beamish P. W. "Knowledge, bargaining power, and the instability of international joint ventures". *Academy of ManagementReview* , 1997, 22 (1): 177 – 202.

[111] Jap S. D. "Pie sharing in complex collaboration contexts". *Journal of Marketing Research*, 2001, 38 (1): 86 – 99.

[112] Jap S. D. , Ganesan S. "Control mechanisms and the relationship life cycle: Implications for safeguarding specific investments and developing commitment". *Journal of Marketing Research*, 2000, 37 (2): 227 – 245.

[113] Jap S. D. , Anderson E. "Testing a life – cycle theory of cooperative interorganizational relationships: Movement across stages and performance". *Management Science*, 2007, 53 (2): 260 – 275.

[114] Johnsen T. E. "Supplier Involvement in New Product Development and Innovation: Taking Stock and Looking to the Future". *Journal of Purchasing and Supply Management*, 2009, 15 (3): 187 – 197.

[115] Johnson J. L. , Sohi R. S. "The development of interfirm partnering competence: Platforms for learning, learning activities, and consequences of learning". *Journal of Business Research*, 2003,

56 (9): 757 – 766.

[116] Johnson J. S. , Sohi R. S. "Understanding and resolving major contractual breaches in buyer – seller relationships: a grounded theory approach". *Journal of the Academy of Marketing Science*, 2015, 43 (2): 1 – 21.

[117] Joshi A. W. , Sharma S. "Customer knowledge development: antecedents and impact on new product performance". *Journal of Marketing* , 2004, 68 (4): 47 – 59.

[118] Kang B. , Jindal R. P. "Opportunism in buyer – seller relationships: Some unexplored antecedents". *Journal of Business Research*, 2015, 68 (3): 735 – 742.

[119] Kang M. P. , Mahoney J. T. , Tan D. "Why firms make unilateral investments specific to other firms: The case of OEM su ppliers". *Strategic Management Journal*, 2009, 30 (2): 117 – 135.

[120] Keh H. T. , Xie Y. "Corporate reputation and customer behavioral intentions: The roles of trust, identification and commitm ent". *Industrial Marketing Management*, 2009, 38 (7): 732 – 742.

[121] Kim K. K. , Park S. H. , Ryoo S. Y. et al. . "Inter – organizational cooperation in buyer – supplier relationships: Both pers pectives". *Journal of Business Research*, 2010, 63 (8): 863 – 869.

[122] Kim S. W. "An investigation on the direct and indirect effect of supply chain integration on firm performance". *International Journal of Production Economics*, 2009, 119 (2): 328 – 346.

[123] Koza K. L. , Dant R. P. "Effects of relationship climate, control mechanism, and communications on conflict resolution behavior and performance outcomes". *Journal of Retailing*, 2007, 83 (3): 279 – 296.

[124] Knoppen D. , Christiaanse E. , Huysman M. "Supply chain relationships: Exploring the linkage between inter – organisational adaptation and learning". *Journal of Purchasing and Supply Man-

agement, 2010, 16 (3): 195 - 205.

[125] Krause D. R. , Ellram L. M. "Critical elements of supplier develop ment - The buying firm perspective". European *Journal of Purchasing and Supply Management*, 1997, 3 (1): 21 - 31.

[126] Krause D. R. , Handfield R. B. , Tyler B. B. "The relationships between supplier development, commitment, social capital accumulation and performance improvement". *Journal of Operations Management*, 2007, 25 (2): 528 - 545.

[127] Kull T. J. , Ellis S. C. , Narasimhan R. "Reducing Behavioral Constraints to Supplier Integration: A Socio - Technical Systems Perspective". *Journal of Supply Chain Management*, 2013, 49 (1): 64 - 86.

[128] Kumar N. , Scheer L. K. , Steenkamp J. B. E. "The effects of supplier fairness on vulnerable resellers". *Journal of Marketing Research*, 1995, 32 (1): 54 - 65.

[129] Kwon Y. C. "Antecedents and consequences of international joint venture partnerships: A social exchange perspective". *International Business Review* , 2008, 17 (5): 559 - 573.

[130] Lambert D. M. , Emmelhainz M. A. , Gardner J. T. "Developing and implementing supply chain partnerships". *The International Journal of Logistics Management*, 1996, 7 (2): 1 - 18.

[131] Lavikka R. H. , Smeds R. , Jaatinen M. "Coordinating collaboration in contractually different complex construction projects". *Supply Chain Management: An International Journal*, 2015, 20 (2): 205 - 217.

[132] Lemke F. , Goffin K. , Szwejczewski M. "Investigating the meaning of supplier - manufacturer partnerships: an exploratory study". *International Journal of Physical Distribution & Logistics Management* , 2003, 33 (1): 12 - 35.

[133] Le Roy F. , Czakon W. "Managing coopetition: the missing link

between strategy and performance". *Industrial Marketing Management*, 2016, 53: 3 - 6.

[134] Leung K. , Bhagat R. S. , Buchan N. R. et al. . "Culture and international business: Recent advances and their implications for future research". *Journal of International Business Studies*, 2005, 36 (4): 357 - 378.

[135] Lin H. M. , Lin C. P. , Huang H. C. "Embedding strategic alliances in networks to govern transaction hazards: Evidence from an emerging economy". *Asian Business Management*, 2013, 10 (2): 183 - 208.

[136] Lui S. S. , Ngo H. y. "Drivers and outcomes of long - term orientation in cooperative relationships". *British Journal of Management*, 2012, 23 (1): 80 - 95.

[137] Luo A. , Kumar V. "Recovering hidden buyer – seller relationship states to measure the return on marketing investment in business – to – business markets". *Journal of Marketing Research*, 2013, 50 (1): 143 - 160.

[138] Mahapatra S. K. , Narasimhan R. , Barbieri P. "Strategic interdependence, governance effectiveness and supplier performance: A dyadic case study investigation and theory development". *Journal of Operations Management*, 2010, 28 (6): 537 - 552.

[139] Mandják T. , Szalkai Z. , Neumann – Bódi E. et al. . "Emerging relationships: How are they born?". *Industrial Marketing Management*, 2015, 49: 32 - 41.

[140] Masella C. , Rangone A. "A contingent approach to the design of vendor selection systems for different types of co – operative customer/supplier relationships". *International Journal of Operations & Production Management*, 2000, 20 (1): 70 - 84.

[141] Maurer I. "How to build trust in inter – organizational projects: The impact of project staffing and project rewards on the formation

of trust, knowledge acquisition and product innovation". *International Journal of Project Management*, 2010, 28 (7): 629 – 637.

[142] Mentzer J. T. , Min S. , Zacharia Z. G. "The nature of interfirm partnering in supply chain management". *Journal of Retailing*, 2000, 76 (4): 549 – 568.

[143] McCutcheon D. , Stuart F. I. "Issues in the choice of supplier alliance partners". *Journal of Operations Management*, 2000, 18 (3): 279 – 301.

[144] McEvily B. , Marcus A. "Embedded ties and the acquisition of competitive capabilities". *Strategic Management Journal*, 2005, 26 (11): 1033 – 1055.

[145] Melewar T. , Gotsi M. , Andriopoulos C. et al. . "Informing a new business – to – business relationship: Corporate identity and the emergence of a relationship identity". *European Journal of Marketing*, 2012, 46 (5): 684 – 711.

[146] Miles M. B. , Huberman A. M. "Drawing valid meaning from qualitative data: Toward a shared craft". Educational researcher, 1984, 13 (5): 20 – 30.

[147] Mohr J. , Spekman R. "Characteristics of partnership success: partnership attributes, communication behavior, and conflict resolution techniques". *Strategic Management Journal*, 1994, 15 (2): 135 – 152.

[148] Mortensen M. H. "Understanding attractiveness in business relationships—A complete literature review". *Industrial Marketing Management*, 2012, 41 (8): 1206 – 1218.

[149] Narasimhan R. , Nair A. , Griffith D. A. et al. . "Lock – in situations in supply chains: A social exchange theoretic study of sourcing arrangements in buyer – supplier relationships". *Journal of Operations Management*, 2009, 27 (5): 374 – 389.

[150] Oh J. , Rhee S. K. "The influence of supplier capabilities and tech-

nology uncertainty on manufacturer – supplier collaboration: A study of the Korean automotive industry". *International Journal of Operations & Production Management*, 2008, 28 (6): 490 – 517.

[151] Olsen R. F., Ellram L. M. "Buyer – supplier relationships: alternative research approaches". *European Journal of Purchasing & Supply Management*, 1997, 3 (4): 221 – 231.

[152] Palmatier R. W., Dant R. P., Grewal D. et al.. "Factors influencing the effectiveness of relationship marketing: a meta – analysis". *Journal of Marketing*, 2006, 70 (4): 136 – 153.

[153] Park S., Hartley J. L. "Exploring the effect of supplier management on performance in the Korean automotive supply chain". *Journal of Supply Chain Management*, 2002, 38 (1): 46 – 53.

[154] Parker D. B., Zsidisin G. A., Ragatz G. L. "Timing and Extent of Supplier Integration in New Product Development: a Contingency Approach". *Journal of Supply Chain Management*, 2008, 44 (1): 71 – 83.

[155] Petersen K. J., Handfield R. B., Ragatz G. L. "Supplier integration into new product development: coordinating product, process and supply chain design". *Journal of Operations Management*, 2005, 23 (3 – 4): 371 – 388.

[156] Petroni A., Panciroli B. "Innovation as a determinant of suppliers' roles and performances: an empirical study in the food machinery industry". *European Journal of Purchasing & Supply Management*, 2002, 8 (3): 135 – 149.

[157] Powers T. L., Reagan W. R. "Factors influencing successful buyer – seller relationships". *Journal of Business Research*, 2007, 60 (12): 1234 – 1242.

[158] Pressey A. D., Winklhofer H. M., Tzokas N. X. "Purchasing practices in small – to medium – sized enterprises: An examination of strategic purchasing adoption, supplier evaluation and supplier

capabilities". *Journal of Purchasing and Supply Management*, 2009, 15 (4): 214 - 226.

[159] Primo M. A., Amundson S. D. "An exploratory study of the effects of supplier relationships on new product development outcomes". *Journal of Operations Management*, 2002, 20 (1): 33 - 52.

[160] Ragatz G. L., Handfield R. B., Petersen K. J. "Benefits associated with supplier integration into new product development under conditions of technology uncertainty". *Journal of Business Research*, 2002, 55 (5): 389 - 400.

[161] Rogers K. W., Purdy L., Safayeni F. et al.. "A supplier development program: rational process or institutional image construction?". *Journal of Operations Management*, 2007, 25 (2): 556 - 572.

[162] Roijakkers N., Hagedoorn J. "Inter - firm R&D partnering in pharmaceutical biotechnology since 1975: Trends, patterns, and networks". *Research Policy*, 2006, 35 (3): 431 - 446.

[163] Roy S. "So you already have a survey database? —a seven-step methodology for theory building from survey databases: an illustration from incremental innovation generation in buyer-seller relationships". *Journal of Supply Chain Management*, 2010, 46 (4): 12 - 24.

[164] Rindova V. P., Williamson I. O., Petkova A. P. et al.. "Being good or being known: An empirical examination of the dimensions, antecedents, and consequences of organizational reput ation". *Academy of Management Journal*, 2005, 48 (6): 1033 - 1049.

[165] Rindfleisch A., Moorman C. "The acquisition and utilization of information in new product alliances: A strength - of - ties persp ective". *Journal of Marketing*, 2001, 65 (2): 1 - 18.

[166] Rinehart L. M., Eckert J. A., Handfield R. B. et al.. "An assessment of supplier - customer relationships". *Journal of Business Logistics*, 2004, 25 (1): 25 - 62.

[167] Ring P. S. , Van de Ven A. H. "Developmental processes of coop-erative interorganizational relationships". *Academy of Management Review*, 1994, 19 (1): 90 – 118.

[168] Ryu I. , So S. , Koo C. "The role of partnership in supply chain performance". *Industrial Management & Data Systems*, 2009, 109 (4): 496 – 514.

[169] Salancik G. R. , Pfeffer J. "A social information processing ap-proach to job attitudes and task design". *Administrative Science Quarterly*, 1978, 23 (2): 224 – 253.

[170] Sarkar M. B. , Echambadi R. , Cavusgil S. T. et al. . "The influ-ence of complementarity, compatibility, and relationship capital on alliance performance". *Journal of the Academy of Marketing Sci-ence*, 2001, 29 (4): 358 – 373.

[171] Sashi C. "Customer engagement, buyer – seller relationships, and social media". *Management Decision*, 2012, 50 (2): 253 – 272.

[172] Saxton T. "The effects of partner and relationship characteristics on alliance outcomes". *Academy of Management Journal*, 1997, 40 (2): 443 – 461.

[173] Schoenherr T. , Narayanan S. , Narasimhan R. "Trust formation in outsourcing relationships: A social exchange theoretic perspec-tive". *International Journal of Production Economics*, 2015, 169: 401 – 412.

[174] Schiele H. , Calvi R. , Gibbert M. "Customer attractiveness, sup-plier satisfaction and preferred customer status: Introduction, defi-nitions and an overarching framework". *Industrial Marketing Man-agement*, 2012, 41 (8): 1178 – 1185.

[175] Song M. , Di Benedetto C. A. "Supplier's involvement and success of radical new product development in new ventures". *Journal of Operations Management*, 2008, 26 (1): 1 – 22.

[176] Song L. Z. , Song M. , Benedetto C. "Resources, supplier invest-

ment, product launch advantages, and first product performance".
Journal of Operations Management, 2011, 29 (1): 86 – 104.

[177] Spekman R. E. , Kamauff Jr J. W. , Myhr N. "An empirical inves-
tigation into supply chain management: a perspective on partne
rships". *International Journal of Physical Distribution & Logistics
Management*, 1998, 28 (8): 630 – 650.

[178] Spina G. , Zotteri G. "The implementation process of customer –
supplier partnership: lessons from a clinical perspe ctive". *Inter-
national Journal of Operations & Production Management*, 2000,
20 (10): 1164 – 1182.

[179] Sjoerdsma M. , van Weele A. J. "Managing supplier relationships
in a new product development context". *Journal of Purchasing and
Supply Management*, 2015, 21 (3): 192 – 203.

[180] Steinle C. , Schiele H. "Limits to global sourcing?: Strategic con-
sequences of dependency on international suppliers: Cluster theo-
ry, resource – based view and case studies". *Journal of Purcha-
sing and Supply Management*, 2008, 14 (1): 3 – 14.

[181] Strauss A. "Notes on the nature and development of general theo-
ries". *Qualitative Inquiry*, 1995, 1 (1): 7 – 18.

[182] Strauss R. S. , Rodzilsky D. , Burack G. et al. "Psychosocial cor-
relates of physical activity in healthy children". *Archives of Pediat-
rics & Adolescent Medicine*, 2001, 155 (8): 897 – 902.

[183] Suh T. , Houston M. B. "Distinguishing supplier reputation from
trust in buyer – supplier relationships". *Industrial Marketing Man-
agement*, 2010, 39 (5): 744 – 751.

[184] Tanskanen K. , Aminoff A. "Buyer and supplier attractiveness in
a strategic relationship—A dyadic multiple – case study". *Indus-
trial Marketing Management*, 2015, 50: 128 – 141.

[185] Terpend R. , Krause D. R. "Competition or cooperation? Promo-
ting supplier performance with incentives under varying conditions

of dependence". *Journal of Supply Chain Management*, 2015, 51 (4): 29 – 53.

[186] Tomlinson P. R., Fai F. M. "The impact of deep vertical supply chain relationships upon focal – firm innovation performance". *R&D Management*, 2016, 46 (S1): 277 – 290.

[187] Touboulic A., Walker H. "Love me, love me not: A nuanced view on collaboration in sustainable supply chains". *Journal of Purchasing and Supply Management*, 2015, 21 (3): 178 – 191.

[188] Turnbull P., Ford D., Cunningham M. "Interaction, relationships and networks in business markets: an evolving pers pective". *Journal of Business & Industrial Marketing*, 1996, 11 (3/4): 44 – 62.

[189] Van Echtelt F. E. A., Wynstra F., van Weele A. J. "Strategic and operational management of supplier involvement in new product development: a contingency perspective". *Engineering Management*, 2007, 54 (4): 644 – 661.

[190] Villena V. H., Revilla E., Choi T. Y. "The dark side of buyer – supplier relationships: A social capital perspective". *Journal of Operations Management*, 2011, 29 (6): 561 – 576.

[191] Visentin M., Scarpi D. "Determinants and mediators of the intention to upgrade the contract in buyer-seller relation ships". *Industrial Marketing Management*, 2012, 41 (7): 1133 – 1141.

[192] Vinhas A. S., Heide J. B., Jap S. D. "Consistency Judgments, Embeddedness, and Relationship Outcomes in Interorganizational Networks". *Management Science*, 2012, 58 (5): 996 – 1011.

[193] Voldnes G., Grnhaug K., Nilssen F. "Satisfaction in buyer – seller relationships—Influence of cultural differences". *Industrial Marketing Management*, 2012, 41 (7): 1081 – 1093.

[194] Wagner S. M. "Getting innovation from suppliers". *Research Technology Management*, 2009, 52 (1): 8 – 9.

[195] Wagner S. M. , Coley L. S. , Lindemann E. "Effects of suppliers' reputation on the future of buyer-supplier relationships: The mediating roles of outcome fairness and trust". *Journal of Supply Chain Management*, 2011, 47 (2): 29 – 48.

[196] Wagner S. M. , Eggert A. , Lindemann E. "Creating and appropriating value in collaborative relationships". *Journal of Business Research*, 2010, 63 (8): 840 – 848.

[197] Wagner S. M. "Supplier traits for better customer firm innovation performance". *Industrial Marketing Management*, 2010, 39 (7): 1139 – 1149.

[198] Wagner S. M. , Bode C. "Supplier relationship – specific investments and the role of safeguards for supplier innovation shar ing" . *Journal of Operations Management*, 2014, 32 (3): 65 – 78.

[199] Wagner S. M. , Hoegl M. "Involving suppliers in product development: Insights from R&D directors and project mana gers" . *Industrial Marketing Management*, 2006, 35 (8): 936 – 943.

[200] Webster Jr F. E. "The changing role of marketing in the corporation". *The Journal of Marketing*, 1992, 56 (4): 1 – 17.

[201] Whipple J. M. , Lynch D. F. , Nyaga G. N. "A buyer's perspective on collaborative versus transactional relationships " . *Industrial Marketing Management*, 2010, 39 (3): 507 – 518.

[202] Wilson E. J. , Vlosky R. P. "Partnering relationship activities: building theory from case study research" . *Journal of Business Research*, 1997, 39 (1): 59 – 70.

[203] Whipple J. M. , Wiedmer R. , K Boyer K. "A Dyadic Investigation of Collaborative Competence, Social Capital, and Performance in Buyer – Supplier Relationships" . *Journal of Supply Chain Management*, 2015, 51 (2): 3 – 21.

[204] Wu Q. , Luo X. , Slotegraaf R. J. et al. . "Sleeping with competitors: the impact of NPD phases on stock market reactions to hori-

zontal collaboration". *Journal of the Academy of Marketing Science*, 2015, 43 (4): 490 – 511.

[205] Wuyts S., Geyskens I. "The formation of buyer – supplier relationships: Detailed contract drafting and close partner selection". *The Journal of Marketing*, 2005, 69 (4): 103 – 117.

[206] Yan T., Dooley K. "Buyer-supplier collaboration quality in new product development projects". *Journal of Supply Chain Management*, 2014, 50 (2): 59 – 83.

[207] Yan T., Choi T. Y., Kim Y. et al.. "A theory of the nexus supplier: A critical supplier from a network perspective". *Journal of Supply Chain Management*, 2015, 51 (1): 52 – 66.

[208] Yang J., Wong C. W., Lai K. H. et al. "The antecedents of dyadic quality performance and its effect on buyer-supplier relationship improvement". *International Journal of Production Economics*, 2009, 120 (1): 243 – 251.

[209] Yin R. K. "Discovering the future of the case study method in evaluation research". *Evaluation Practice*, 1994, 15 (3): 283 – 290.

[210] Zaefarian G., Najafi – Tavani Z., Henneberg S. C. et al. "Do supplier perceptions of buyer fairness lead to supplier sales growth?". *Industrial Marketing Management*, 2015, 53: 160 – 171.

[211] Zhang Q., Zhou K. Z. "Governing interfirm knowledge transfer in the Chinese market: The interplay of formal and informal mechanisms". *Industrial Marketing Management*, 2013, 42 (5): 783 – 791.

[212] Zhao X., Huo B., Flynn B. B. et al.. "The impact of power and relationship commitment on the integration between manufacturers and customers in a supply chain". *Journal of Operations Management*, 2008, 26 (3): 368 – 388.

[213] Zhou K. Z., Poppo L., Yang Z. "Relational ties or customized

contracts? An examination of alternative governance choices in China". *Journal of International Business Studies*, 2008, 39 (3): 526 – 534.

[214] Zhou K. Z. , Wu F. "Technological capability, strategic flexibility, and product innovation". *Strategic Management Journal*, 2010, 31 (5): 547 – 561.

[215] Zhuang G. , Xi Y. , Tsang A. S. "Power, conflict, and cooperation: The impact of guanxi in Chinese marketing channels". *Industrial Marketing Management*, 2010, 39 (1): 137 – 149.

[216] Ziggers G. , Henseler J. "Inter – firm network capability: how it affects buyer – supplier performance". *British Food Journal*, 2009, 111 (8): 794 – 810.

[217] Zolkiewski J. , Turnbull P. , Ulaga W. et al. . "Relationship value and relationship quality: Broadening the nomological network of business – to – business relationships". *European Journal of marketing*, 2006, 40 (3/4): 311 – 327.